浙江省普通高校"十三五"新形态教材

Basic Accounting
Practice

基础会计实务

郭武燕 ◎主编

ZHEJIANG UNIVERSITY PRESS
浙江大学出版社

图书在版编目(CIP)数据

基础会计实务 / 郭武燕主编. —杭州：浙江大学
出版社，2019.8

ISBN 978-7-308-19365-8

Ⅰ. ①基… Ⅱ. ①郭… Ⅲ. ①会计实务 Ⅳ.
①F233

中国版本图书馆 CIP 数据核字(2019)第 155722 号

基础会计实务

郭武燕　主编

策划编辑	朱　玲
责任编辑	董凌芳
责任校对	高士吟　汪　潇
封面设计	春天书装
出版发行	浙江大学出版社
	（杭州市天目山路 148 号　邮政编码 310007）
	（网址：http://www.zjupress.com）
排　　版	杭州朝曦图文设计有限公司
印　　刷	浙江省邮电印刷股份有限公司
开　　本	787mm×1092mm　1/16
印　　张	11.5
字　　数	280 千
版 印 次	2019 年 8 月第 1 版　2019 年 8 月第 1 次印刷
书　　号	ISBN 978-7-308-19365-8
定　　价	35.00 元

前　言

会计是研究财务活动和在对成本资料收集、分类、综合、分析和解释的基础上形成协助决策的信息系统,以有效地管理经济的一门应用学科,可以说它是社会学科的组成部分,也是一门重要的管理学科。会计是以货币为主要计量单位,以提高经济效益为主要目标,运用专门方法对企业、机关、事业单位和其他组织的经济活动进行全面、综合、连续、系统的核算和监督,提供会计信息,并随着社会经济的日益发展,逐步开展预测、决策、控制和分析的一种经济管理活动,是经济管理活动的重要组成部分。

关于基础会计实务课程

基础会计实务是财会类专业基础课程,是对会计基础课程知识的应用与操作。其功能在于:通过学中做、做中学,使学生熟练掌握会计基础理论和基本方法以及账务处理的基本知识,逐步领会会计工作的核心要点,将相关知识点融会贯通,从而具备处理会计业务的专业技能,具备独立分析和解决会计实际问题的能力,从而使学生的岗位适应能力与操作技能达到会计上岗标准。

第一,以真实的工作情境为平台,让学生感知会计工作过程。真实的原始凭证展现,实际的会计账簿记录列示,打破了传统教材中直接描述业务、介绍分录的格局。真实情境的表现过程可帮助学生养成良好的职业习惯,符合培养应用型专门人才的目标,也可突出实务操作的特点。

第二,打破传统的教材体系,尽可能突出以项目教学为导向的理念,以"任务引领"思想为指导,在汲取众家之长的基础上,以会计循环的建立账簿、日常业务处理、期末处理三大阶段工作为主,分八个项目(会计职业入门教育、会计记账方法、会计凭证填制与审核、企业经济业务核算、会计账簿登记、期末处理、财务报表编制以及会计档案整理、装订与保管)介绍会计工作的整个流程。

第三,通俗易懂,案例贴近生活,可使读者始终保持学习兴趣。每一个任务的设计既符合学生的惯性思维,又符合会计工作的基本特点。

关于本书

本书以企业会计循环(原始凭证的识别与填制→记账凭证的填制→会计账簿登记→会计期末事项的处理→财务报表的编制→会计档案的整理、装订与保管)为主线,以基于工作过程的项目教学模式为特点,对于各环节的具体操作要求、操作结果尽量以真实的凭证、账簿式样反映,突出实用性,旨在提高学生的实践操作能力,使其达到会计岗位的基本要求。

作为应用性教材,本书可作为高职高专和本科院校的职业技术学院财会类专业的基础课程用书,也可作为会计从业人员的参考用书。

如何使用本书

本书内容可按照 80 学时安排教学,推荐学时分配如下:项目一安排 4 学时,项目二安排 8 学时,项目三安排 12 学时,项目四安排 24 学时,项目五安排 10 学时,项目六安排 8 学时,项目七安排 10 学时,项目八安排 4 学时。教师可根据不同的专业灵活安排学时,课堂上重点讲解每个实训模块的引导案例,设计实训项目,指导学生实训。

本书配套资源

本书配有教学资源,含 15 个微课讲解视频以及配套课件。

本书编写队伍

本书主编由台州科技职业学院郭武燕担任,负责全书的编写和统稿工作。符茜、段霄、陈安、陈灵青和张竞参与视频录制,中华会计网校支持视频的制作与推广。

由于编者水平有限,编写时间仓促,书中难免存在不妥之处,敬请广大读者批评指正。您的宝贵意见请发送到邮箱 26070309@qq.com。

编　者

2019 年 8 月

目 录
Contents

项目一

··

会计职业入门教育

能力目标

1. 能根据企业情况设置会计机构和人员；
2. 能根据企业业务区分会计要素、确定会计科目和账户；
3. 能与行政管理部门协调完成期初事项；
4. 具备处理问题、解决问题、善于沟通的能力。

知识目标

1. 了解企业及其经济活动；
2. 了解会计的产生与发展；
3. 掌握会计的职能、会计对象及目标；
4. 明确会计信息质量要求；
5. 熟记会计要素及其特点。

寄语

王欣是某高职院校会计专业新生，报到第一天她就急着了解自己是否选对了专业。什么是会计？会计专业需要学些什么内容？会计有何用处？难不难？以后毕业工作好不好找？可以胜任哪些岗位？这是每位会计初学者的疑问。

传统会计的一切工作几乎都已成为定式，会计人员每天都要填写、审核各种凭证，一笔笔登记账簿；月末还要对账、结账、编制报表；及时向上级汇报工作。日复一日，年复一年，会计人员每日的工作似乎就在平淡无奇中度过。

在"互联网＋"时代，随着"大智移云"（大数据、人工智能、移动互联网、云计算）等现代网络技术的发展，企业工作环境发生了颠覆性变化。2017年5月，德勤有限公司率先推出"财务机器人"，瞬间引爆财务圈，会计和审计是否会被人工智能取代的讨论一直没停过。

会计行业作为一个专业性很强的行业，自然对从业人员专业素质有较高的要求。不过，会计初学者也不要害怕。没有人天生什么都会，不都是学的吗？要具备专业素质，只要你肯学,就可以了！遇事切不可心烦,要平心静气;不要过多责备自己,要学会厚待自我。

会计人员的 5 个层次如图 1-1 所示。核算型会计的基本职能是反映和监督;管理型会计的工作核心是财务控制;公关型会计主要对外联络,处理对外单位、部门的事务,如税务、银行等;运营型会计主要进行投资决策;利润型会计能为企业直接创造利润,即擅长资本运作。

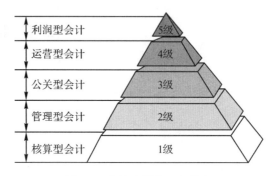

图 1-1　会计人员的 5 个层次

任务 1　企业认知

企业是从事生产、流通、服务等经济活动,以生产或服务满足社会需要,实行自主经营、独立核算、依法设立的一种营利性的经济组织。企业可进一步分为公司制企业和非公司制企业,后者如合伙制企业、个人独资企业等。公司制企业是现代企业中最主要、最典型的组织形式。

一、企业组织机构(以公司制企业为例)

企业组织机构是按照一定原则设置的,是企业内部各组织职能分配的一种体现。以公司制企业为例,企业组织机构分为三个层级:权力机构、决策机构和执行机构,另设监督机构,由股东大会授权,行驶监督权,如图 1-2 所示。企业内部机构及部门设置如图 1-3 所示。

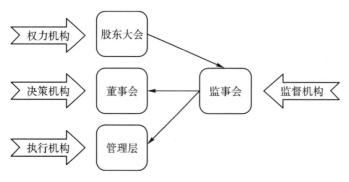

图 1-2　企业组织机构

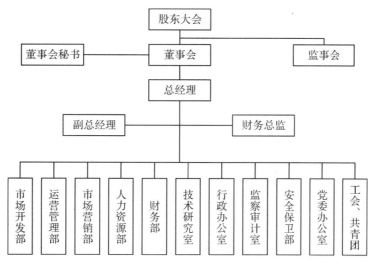

图 1-3 企业内部机构及部门设置

二、企业的主要经济活动

企业的主要经济活动大体可分为三类:筹资活动、投资活动和经营活动。

筹资活动是企业为达到生产经营的目的而进行的筹集资金的活动。筹集资金是企业进行生产经营活动的首要环节。企业进行生产经营活动的基本条件是拥有一定数量的资金,通过资金的运用,如买进原材料和机器设备、雇用职工等进行产品生产与销售,达到赢利的目的。企业的资金来源主要有两个:一是企业投资者的投入,包括直接的投入和历年利润的留存;二是企业从外部获得的借款。

企业投资者的投入,主要是货币形式,也可以是非货币形式,如以存货或机器设备等折算为股本,进行权益性投资。企业的借款,按偿还的期限分为短期借款和长期借款。借款的对象一般是金融机构,如银行、保险公司等,其他企业与个人也可作为借款人。此外,企业还可以在公开市场上发行债券以取得长期资金,债券的偿还期限一般较长。无论是投资者的投入还是借款,都是要有回报的,也就是该企业要承担资金使用的成本。投资者的回报是股利,股利只能在支付所得税之后分派。借款的成本,就是定期要支付的利息,利息可以作为费用在利润中抵扣。

投资活动是指企业长期资产的购建和不在现金等价物范围内的投资及处置活动。企业筹集一定的资金后,就要开始进行投资以取得利润。投资活动按对象可分为对内投资和对外投资两类。对内投资主要包括长期资产的投资,如土地、房屋、设备等的取得、产品的研究与开发投资等。对外投资分为短期投资和长期投资。短期投资在会计上被称为交易性金融资产,长期投资持有至到期的投资、可供出售的金融资产和长期股权投资。投资的对象主要是各种长、短期债券以及股票和基金等。对内投资的资产的处理,对外投资的成本与利息或股利的收取,也是投资活动涉及的内容。

经营活动是指企业投资活动和筹资活动以外的所有交易和事项。经营活动是企业的基本经济活动,相对于筹资活动与投资活动来说,它是企业经济活动的主要内容。制造业的经营活动主要包括原料采购、产品生产、产成品入库、产品销售、收回销售款,即包括采购、生产和销售三个过程。另外,在采购、生产和销售过程中,还涉及税收的计算与交纳。

企业的经济活动有的可以用货币表现,有的则不能用货币表现。以货币表现的经济活动通常又被称为价值运动或资金运动。资金运动包括特定主体的资金投入、资金运用(资金循环与周转)和资金退出三个过程,如图1-4所示。

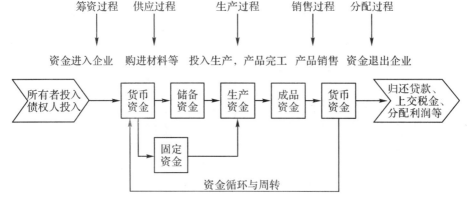

图 1-4　企业资金运动过程

在供、产、销过程中,资金从货币资金形态依次转变为固定资金形态、储备资金形态、生产资金形态、成品资金形态,再回到货币资金形态的过程称为资金循环。资金周而复始不断地循环叫作资金周转。

在生产经营准备过程中,制造企业用货币资金购买生产经营活动所必需的各种材料、物资,包括各种原材料、机器设备、房屋建筑物等,形成必要的生产储备。这时,企业资金的形态就由货币资金转变为储备资金。该过程是制造企业生产经营的准备阶段。

在生产过程中,企业劳动者借助于劳动资料对劳动对象进行加工,生产出各种为社会所需的产品。因此,在产品生产过程中就会发生各种材料费用、工资费用、固定资产折旧费用和其他费用等生产费用,企业通过对这些生产费用的归集和分配,计算出产品成本。这时资金就从储备资金形态转变为生产资金形态,随着产成品的完工入库,资金又从生产资金形态转变为成品资金形态。生产过程是制造企业生产经营的主要阶段。

在销售过程中,企业通过产品的销售,一方面获取货币资金及其他的资产,另一方面也会发生一些与产品销售业务相关的各种成本、费用和税金等。这时,企业的资金形态又由成品资金转变为货币资金。销售过程的完成,标志着企业一个生产经营过程的结束,新的生产经营过程的开始。销售过程是制造企业产品价值实现的阶段。

在财务成果的形成与分配阶段,制造企业应将一定期间内所取得的收入与各种成本、费用进行配比,及时计算出一定期间内的财务成果,确定企业在该期间所实现的利润或发生的亏损,交纳所得税,并按规定进行利润的分配。通过利润分配,一部分资金退出企业,一部分资金重新投入生产周转,开始新一轮的资金循环与周转过程。

资金退出即企业的资金不再参加生产经营过程中资金的循环与周转,如偿还各项债务、上交各项税费、向所有者分配利润(分红)等。

任务 2　会计基础知识认知

一、会计概述

(一)会计的产生与发展

会计在中国有着悠久的历史。据史籍记载,早在西周时代就设有专门核算官方财物收支的官职——司会,并对财物收支采取了"月计岁会"(零星算之为计,总合算之为会)的方法。

在西汉还出现了名为"计簿"或"簿书"的账册,用以登记会计事项。以后各朝代都设有官吏管理钱粮、税赋和财物的收支。

宋代官厅中,办理钱粮报销或移交,要编造"四柱清册",通过"旧管(期初结存)+新收(本期收入)=开除(本期支出)+实在(期末结存)"的平衡公式进行结账,结算本期财产物资增减变化及其结果。这是中国会计学科发展过程中的一个重大成就。

明末清初,随着手工业和商业的发展,出现了以四柱为基础的"龙门账",它把全部账目划分为"进"(各项收入)、"缴"(各项支出)、"存"(各项资产)、"该"(各项负债)四大类,运用"进-缴=存-该"的平衡公式进行核算,设总账进行分类记录,并编制"进缴表"(即利润表)和"存该表"(即资产负债表),实行双轨计算盈亏,在两表上计算得出的盈亏数应当相等,称为"合龙门",以此核对全部账目的正误。之后,又产生了"四脚账"(也称"天地合账"),其记账方法是:对每一笔账项既登记"来账",又登记"去账",以反映同一账项的来龙去脉。

"四柱清册""龙门账"和"四脚账"显示了中国不同历史时期传统中式簿记的特色。

现代会计是商品经济的产物。14、15 世纪,欧洲资本主义商品货币经济的迅速发展,促进了会计的发展,其主要标志如下:一是利用货币计量进行价值核算;二是广泛采用复式记账法,从而形成现代会计的基本特征和发展基石。20 世纪以来,特别是第二次世界大战结束后,资本主义的生产社会化程度得到了空前的发展,现代科学技术与经济管理科学的发展突飞猛进。受社会政治、经济和技术环境的影响,传统的财务会计不断充实和完善,财务会计核算工作更加标准化、通用化和规范化。与此同时,会计学科在 20 世纪 30 年代成本会计的基础上,紧密配合现代管理理论和实践的需要,逐步形成了为企业内部经营管理提供信息的管理会计体系,从而使会计工作从传统的事后记账、算账、报账,转为事前的预测与决策、事中的监督与控制、事后的核算与分析。管理会计的产生与发展,是会计发展史上的一次伟大变革,从此,现代会计形成了财务会计和管理会计两大分支(见表 1-1)。

表 1-1　财务会计与管理会计

类　　别	特　　点
财务会计	1. 主要侧重对外、过去的信息,为外部有关各方提供所需数据 2. 向企业外部关系人提供有关企业财务状况(资产负债表)、经营成果(利润表)和现金流量(现金流量表)情况等信息

续　表

类　　别	特　点
管理会计	1. 主要侧重于对内、未来的信息，为内部管理部门提供所需数据 2. 向企业内部管理者提供经营规划、经营管理、预测和决策所需的相关信息

随着现代化生产的迅速发展、经济管理水平的提高以及电子计算机技术广泛应用于会计核算，会计信息的搜集、分类、处理、反馈等操作程序摆脱了传统的手工操作，大大地提高了工作效率，实现了会计学科的根本变革。

（二）会计的概念

会计发展到今天，已经成为一门专业学科，并不只是算账和管钱那么简单，而是现代企业一项很重要的管理工作。以工业企业为例，会计工作是以货币为主要计量工具，采用一系列专门方法，对经济活动进行全面、系统、连续的记录和反映，向有关各方提供会计信息，促使企业提高经济效益的一种经济管理活动，包括会计核算、会计监督和会计管理工作（见图 1-5）。

二维码 1-1

会计核算工作	即生产会计信息产品，并及时将这些信息产品提供给信息使用者的活动。会计人员按照会计账务处理程序和会计工作规范的要求，利用计算机（财务软件）、计算器（算盘）等，采用会计核算的专门方法（包括设置账户、复式记账、填制和审核凭证、登记账簿、财产清查、成本计算等），对证明会计事项发生的原始单据进行确认、计量、记录，然后根据账户记录编制财务报表，并将会计信息及时提供给信息使用者（如投资者、债权人、政府管理部门、企业管理层等）。
即为保证会计信息产品的质量，维护会计信息产品使用者的利益，对会计信息产品进行过程和结果的检查、监督的活动。	会计监督工作
会计管理工作	即为保证会计信息产品的质量，对会计人员（生产者）、会计档案（材料、在产品、产成品）、会计操作规范文件（工艺说明、技术标准）等进行的日常管理活动。

图 1-5　会计工作的内容

二、会计职能

会计职能是指会计在经济管理过程中所具有的功能。会计职能有很多，但基本职能有两个：会计核算和会计监督。

二维码 1-2

（一）会计核算职能

什么是会计核算？比如一家公司在一定时间内购进了多少商品，花了多少钱，销售了多少商品，卖了多少钱，在购销过程中发生了多少费用，最后到底是赚了还是亏了，必须采用一定的方法,把这些情况都记录下来并计算清楚,最终以一定的形式表达出来。这种记录、计算和报告的过程就是会计核算。

可见,会计核算就是对大量的经济业务进行记录、计算、归类、整理和汇总,通过记账、算账、报账等程序,全面、完整、综合地反映经济活动的过程和结果,并为经济管理提供有用的信息。

会计核算的特点表现在以下几点:

(1)以货币作为主要的计量尺度。尽管有时会计也要以实物量度和劳动量度作为辅助量度,但是货币量度始终是会计最基本的、主要的计量尺度。

(2)以凭证为依据。会计的任何记录和计量都必须以会计凭证为依据,这就使会计信息具有真实性和可验证性。只有经审核无误的原始凭证(凭据)才能据以编制记账凭证、登记账簿,进行加工处理。

(3)具有连续性、系统性、全面性和综合性。会计在利用货币量度计算和监督经济活动时,以经济业务发生的时间为顺序连续地、不间断地进行登记,对每一次经济业务都无一遗漏地进行登记,不任意取舍,做到全面、完整。登记时,要进行分类整理,使之系统化,而不能杂乱无章,并通过价值指标进行综合、汇总,以完整地反映经济活动的过程和结果。

(二)会计监督职能

什么是会计监督?比如会计人员对不合法的收支予以制止,在单位负责人的领导下,会计人员通过对记账凭证和财务收支的审核、会计账簿的登记、财务会计报表的编制等提供合法、真实、准确、完整的会计信息,确保会计活动的合法性。

会计监督按其与经济活动过程的关系,分为事前、事中和事后监督。监督的内容主要包括:分析会计核算资料、检查遵纪守法情况、评价活动成果、确定经营目标、调整计划等。

会计监督能使企业正确地处理与国家的关系,提高宏观经济效益和企业效益,促使企业改善经营管理水平。

会计核算和会计监督之间是相辅相成、辩证统一的关系:①会计核算是会计监督的基础,没有核算所提供的信息,监督就失去了依据;②会计监督是会计核算的保障,只有核算、没有监督,就难以保证核算所提供信息的真实性、可靠性。

随着社会经济的发展和经济管理的现代化,会计的职能也会发生变化,一些新的职能不断出现。一般认为,会计除了具有核算、监督两个基本职能之外,还有预测经济前景、参与经济决策、评价经营业绩等职能。

三、会计对象与会计目标

(一)会计对象

企业的各项经济活动都与会计工作相关,但并不都是会计工作的对象。会计对象是指特定主体能够以货币表现的经济活动,它是会计核算和监督的内容。但商务谈判、签订经济合同等的不能以货币表现的经济活动,不是会计核算的对象。只有被确定为会计对象的经济活动,才能运用专门的会计方法予以会计处理。

二维码 1-3

（二）会计目标

会计目标也称会计目的，是会计工作应完成的任务或达到的标准，为有关方面提供对其决策有用的会计信息。为了对决策有用，会计主体提供的会计信息必须是与决策相关的。一般认为，会计信息是否具有决策相关性取决于其是否具备预测价值、反馈价值和及时性。预测价值是指会计信息能够帮助使用者预测未来事项的结果，会计信息使用者可以根据此结果做出最优决策。反馈价值是指使用者可以根据会计信息证实或否定自己过去的预期结果并能够据此修正自己的决策和认识。

会计信息的使用者包括股东、企业管理者、债权人、政府、员工、投资者和潜在投资者等。

四、会计信息质量要求

二维码 1-4

企业所提供的会计信息质量应符合以下几个要求。

（一）可靠性

可靠性是指企业应当以实际发生的交易或者事项为依据进行会计确认、计量和报告，如实反映符合确认和计量要求的各项会计要素及其他相关信息，保证会计信息真实可靠、内容完整。要如实反映企业财务状况、经营成果和现金流量，内容真实、数据准确、资料可靠。

（二）相关性

相关性是指企业提供的会计信息应当与会计信息使用者的经济决策需要相关，有助于会计信息使用者对企业过去、现在或者未来的情况做出评价或者预测。虽然不同的会计信息使用者使用会计信息的目的和要求各不相同，但使用者可以通过对信息的加工整理，得到其所需要的会计信息，这样的会计信息就符合了相关性要求。

（三）可理解性

可理解性是指企业提供的会计信息应当清晰明了，便于使用者理解和使用。在保证会计信息质量的前提下，力求使会计信息通俗易懂，用尽量浅显的语言表达会计信息的含义和作用，在财务会计报表中对重要信息要有文字说明或备注，使信息使用者易于理解和掌握。

（四）可比性

可比性是指企业提供的会计信息应当相互可比，具体包括以下两层含义。

1. 同一企业不同时期可比

同一企业不同时期发生的相同或者相似的交易或者事项，应当采用一致的会计政策，不得随意变更。确需变更的，应当在附注中说明。

2. 不同企业同一会计期间可比

不同企业同一会计期间发生的相同或者相似的交易或者事项，应当采用规定的会计政策，确保会计信息口径一致、相互可比。

（五）实质重于形式

企业应当按照交易或者事项的经济实质进行会计确认、计量和报告，不应仅以交易或者事项的法律形式为依据。如甲公司通过融资租赁租入一项固定资产，虽然从法律形式上讲该项固定资产不归属于甲公司，但在租赁期内，甲公司应将该项固定资产视为其自有的固定资产进行管理和核算。进一步说，从经济实质上讲，与该项固定资产相关的收益和风险已经转移给了甲公司，甲公司也能行使对该项固定资产的控制。

（六）重要性

重要性是指在会计核算过程中应根据经济业务或会计事项的重要程度，采用不同的会计处理方法和程序。对资产、负债、损益等有较大影响，并进而影响财务会计报表使用者据以做出合理判断的重要会计事项，必须按照规定的会计处理方法和程序进行处理，并在财务会计报表中予以充分、准确的披露；对于次要的会计事项，在不影响会计信息真实性和不至于误导财务会计报表使用者做出正确判断的前提下，可以适当简化处理。

（七）谨慎性

企业对交易或者事项进行会计确认、计量和报告应当保持应有的谨慎，不应高估资产或者收益、低估负债或者费用。如计提折旧采用加速折旧法、期末对资产计提减值准备等。

（八）及时性

企业对于已经发生的交易或者事项，应当及时进行会计确认、计量和报告，不得提前或者延后。做到三个及时，即及时收集、及时处理、及时传递。

五、会计核算方法

会计核算方法是一个连续、系统和完整的体系，包括确认、计量、记录和报告四个环节，即对一切经济业务进行会计核算。首先要对经济业务进行确认和计量；在此基础上，利用会计凭证和会计账簿进行记录；再以会计账簿为依据，编制财务会计报表，并将报表报送给使用者。各环节相互联系、相互配合，构成了一个完整的会计核算方法体系，如图1-6所示。

（一）填制与审核凭证

对于已经发生的经济业务，经办人或单位必须填制原始凭证，并签名盖章。会计部门和其他有关部门审核所有原始凭证，并根据审核后的原始凭证编制记账凭证，将其作为登记账簿的依据。

（二）设置会计账户

根据会计对象的不同特点和经济管理的不同要求，选择一定的标准将其进行分类，并按分类核算的要求，逐步设置相应的会计账户，如库存现金账户，银行存款账户等。

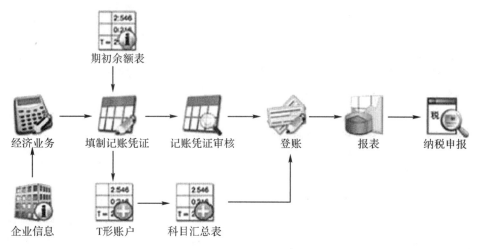

图 1-6　会计核算方法示意

（三）复式记账

复式记账就是对每一笔经济业务，都以相等的金额同时在两个或两个以上的相关账户中进行记录。

（四）登记会计账簿

根据填制和审核无误的记账凭证，在账簿上进行全面、连续、系统的记录。

（五）成本计算

成本计算是指对生产经营过程中发生的产品生产费用，按各种不同的成本计算对象进行归集和分配，进而计算产品的总成本和单位成本的一种专门方法。成本计算可以反映和监督生产经营过程中发生的各项费用是否节约或超支，并据以确定企业经营成果。

（六）财产清查

通过实物盘点、往来款项的核对等检查财产的实有数额，以保护财产的安全、完整。

（七）编制财务会计报表

根据账簿记录的资料，采用一定的表格形式，概括地、综合地反映各单位一定时期内经济活动的过程和结果。

六、会计基本假设与会计基础

（一）会计基本假设

会计基本假设又称会计核算的基本前提，是指正常的会计核算工作应当具备的前提条件。会计面对的是一个现实的复杂多变的社会经济环境，要使会计工作具有一定的稳定性和规律性,会计工作就必须具备一定的前提条件,即符合某些假设,从而使会计工作处于一个相对稳定的、比较理想的环境中。

1.会计主体

会计主体即会计核算和监督的特定单位或组织,明确了会计确认、计量和报告的空间范围,即"为谁记账"。一般地,经济上独立或相对独立的企业、公司、事业单位等都是会计主体,甚至只要有必要,任何一个组织都可以成为一个会计主体,典型的会计主体是经营性企业。如:甲、乙、丙等人出资成立 A 公司,A 公司就成了会计核算的主体。

二维码 1-5

注意事项:

(1)将会计主体的经济活动与该主体所有者、职工个人的经济活动区别开来。

如上述 A 公司作为会计主体,只有以 A 公司名义发生的有关活动,如购进原材料、支付工资、销售产品等,才是 A 公司会计核算的范围。而作为该 A 公司投资者的甲、乙、丙等人的有关经济活动则不是 A 公司会计核算的内容。

(2)将会计主体的经济活动与其他单位的经济活动区别开来。

如上述 A 公司的材料供应商 B 公司的经济活动,不能作为 A 公司会计核算的对象,B 公司是另外一个会计主体。

(3)将会计主体与法律主体(法人)区别开来。

会计主体与法律主体(法人)并非是对等的概念,法人可作为会计主体,但会计主体不一定是法人(见图 1-7)。在同一个法律主体中,也可能存在多个会计主体。

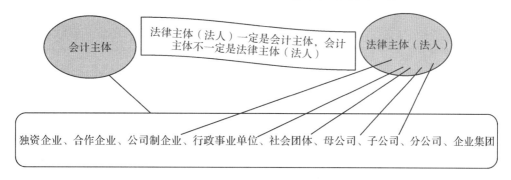

图 1-7　会计主体与法律主体(法人)的区别

2.持续经营

持续经营是假设企业正常的生产经营活动能永远地进行下去,即在可以预见的将来,企业不会倒闭。这虽然是一个假设,但基本符合人们的思维习惯,也有利于企业组织会计核算工作。可以想象,如果没有这样的假设,不仅会计核算无法保持稳定性,企业生产经营活动也无法正常进行。

二维码 1-6

例如,企业以 15 万元购进了一台设备,预计可用 5 年,每年可为企业带来收入 4 万元。按持续经营假设,企业正常的生产经营活动能长期进行下去,即在可以预见的 5 年内不会破产。因此,这投入的 15 万元可分 5 年承担,每年承担 3 万元,因而,该设备每年可赚 1 万元。但如果没有持续经营假设,那么会计核算就无法正常进行了。如企业可能 4 年后破产,则该设备必须分 4 年承担,每年需承担 3.75 万元,这样,每年就只有 0.25 万元的利润了。而企业也可能只能正常经营 3 年,则每年要承担 5 万元,这样,每年亏损 1 万元。注意,我们这里没有考虑企业破产后设备还能变卖的价值。

可见,如果没有持续经营这一假设,会计就没有确定的时间范围,就无法进行核算;企业也就无法组织生产经营活动,如采购材料、产品的各项投资等都不能正常进行。持续经营假设,为会计核算明确了时间范围,从而使会计核算有一个稳定的基础。应当指出,如果企业真的破产了,即破坏了该假设,我们可用破产会计方法对其进行核算。但这已不是正常的财务会计核算的内容了。

3. 会计分期

会计核算的基本任务是向有关方面提供信息,企业盈亏等信息是非常重要的会计信息。按持续经营假设,企业的正常生产将无限期地进行下去,要绝对正确地核算盈亏,理论上应当从企业成立开始经营起,到企业终止结束经营止,将企业存续期间全部收支相抵才能确定盈亏,如果真的这样,会计信息就没有什么价值了。因此,为了及时提供企业生产经营信息,我们假定企业正常生产经营活动可以被人为地分割为若干相等的、较短的时间段落,这就是会计期间。可见,会计分期假设是持续经营假设的一个必要补充,它同样是会计核算时间范围的假设。

会计期间通常以"年"来计量,称为会计年度,《企业会计准则》规定了我国以日历年度为企业会计年度,即从公历 1 月 1 日起到 12 月 31 日止。此外,会计期间还可进一步分为半年度、季度与月度。有了会计分期假设,才有了企业"某年赢利多少""某年亏损多少"等说法。

4. 货币计量

货币计量是指企业在会计核算中要以货币为统一的主要的计量单位,记录和反映企业生产经营的过程和成果。此会计核算前提规定了会计核算的内容,即会计主要核算企业生产经营活动中能用货币计量的部分,而不是企业生产经营活动的全部,如采购原材料花了 1 万元,支付职工工资 2 万元,出售商品取得收入 3 万元等,都是会计核算的内容。公司召开科技攻关会议、产品销售工作会以及签订购销合同也是很重要的经营活动,但因其不能以货币客观地计量,因而不是会计核算的内容。

二维码 1-7

会计核算要以货币作为主要的计量尺度,《中华人民共和国会计法》规定会计核算以人民币为记账本位币。在会计核算中,日常登记账簿和编制财务会计报表用以计量的货币,也就是单位主要会计核算业务所使用的货币,称为记账本位币。业务收支以人民币以外的货币为主的单位,可以选定其中一种作为记账本位币,但是编报的财务会计报表应当折算为人民币。在以货币作为主要计量单位的同时,有必要也应当以实物量度和劳动量度作为补充。

(二)会计基础

根据《企业会计准则——基本准则》的规定,企业应当以权责发生制为基础进行会计确认、计量和报告。权责发生制是指企业应以收入的权利与支出的义务是否属于本期为依据来确认收入与费用是否应计入本期。

二维码 1-8

权责发生制下不是以款项的收支是否在本期发生进行确认、计量和报告的。凡是本期实现的收入,不论款项是否收到,都应作为本期的收入入账;凡是不属于本期实现的收入,即使款项已在本期收到,也不应作为本期的收入入账。同样,凡是本期发生的费用,不论款项是否付出,都应作为本期的费用入账;凡是不属于本期发生的费用,即使款项已在本期付出,也不应作为本期的费用处理。

与权责发生制相对应的是收付实现制。收付实现制也称现收现付制,是以实际收到或付出款项作为确认收入或费用的依据,即当期收到的款项计入当期收入,当期支付的款项计入当期费用。目前,我国行政事业单位会计核算一般采用收付实现制。

例如:假设兰心化妆品有限公司6月份的收入和费用情况如下。

(1)销售化妆品爽肤水收入50 000元,货款存入银行;

(2)销售防晒系列产品100 000元,货款尚未收到;

(3)预付7—12月的厂房租金60 000元;

(4)本月计提银行借款利息5 500元;

(5)收到上个月应收到的销货款40 000元;

(6)收到一商场预付的货款80 000元,下月交货。

假设不考虑其他费用,分别按权责发生制和收付实现制确认的收入与费用发生额如表1-2所示。

表1-2 按权责发生制和收付实现制确认收入与费用发生额

单位:元

业 务	权责发生制		收付实现制	
	收 入	费 用	收 入	费 用
(1)	50 000		50 000	
(2)	100 000			
(3)				60 000
(4)		5 500		
(5)			40 000	
(6)			80 000	
合 计	150 000	5 500	170 000	60 000

权责发生制和收付实现制在处理收入和费用的标准上是有本质区别的,进而导致当期的利润计算结果也是不一样的。相比之下,权责发生制确认收入和费用,比较符合经济事项的经济实质,能够更加准确地反映会计主体的财务状况、经营成果和现金流量。

任务3 会计要素及其计量

一、会计对象的具体分类——会计要素

会计要素是对会计核算对象的基本分类,是会计对象的具体化,具体包括资产、负债、所有者权益、收入、费用、利润。它们属于会计语言的基本元素,其中资产、负债、所有者权益三项会计要素主要反映企业的财务状况;收入、费用、利润

二维码 1-9

三项会计要素主要反映企业的经营成果。六大会计要素是会计报表的基本要素,也是设置会计科目的依据。

（一）资产

资产是指企业过去的交易或者事项形成的,由企业拥有或者控制的经济资源,该资源预期会给企业带来经济利益。它包括各种财产、债权和其他权利。拥有或控制一定数量的资产,是企业进行生产经营活动的前提条件。任何一个企业要进行正常的生产经营活动,都必须拥有一定数量和结构的资产。

1.资产的分类

资产按其流动性分为流动资产和非流动资产。流动资产是指可以在一年或超过一年的一个营业周期内变现或耗用的资产;非流动资产是指不能在一年或超过一年的一个营业周期内变现或耗用的资产。具体内容见表1-3。

表 1-3　资产的分类

分　类		释　义
流动资产	货币资金	包括库存现金、银行存款、其他货币资金
	交易性金融资产	以短期持有或买卖交易获得价差为目的,从而取得的股票、债券、基金等金融资产
	应收及预付款项	包括应收票据、应收账款、其他应收款、预付账款、应收股利、应收利息
	存　货	包括原材料、库存商品、周转材料、半成品、委托加工物资、燃料等
非流动资产	持有至到期投资	超过一年以上并持有至到期日的债券、国库券等债权性投资
	长期股权投资	超过一年以上长期持有的股票、股份等股权性投资
	固定资产	为生产商品、提供劳务、出租和经营管理而持有的,使用年限超过一个会计年度的资产,如厂房、场地、机器、设备、运输工具等
	无形资产	不具有实物形态但为企业所有并能给企业经营带来经济利益的财产,如专利权、非专利技术、商标权、著作权、土地使用权等

2.资产的特征

（1）资产是由过去的交易或事项形成的。也就是说,资产是过去已经发生的交易或事项所产生的结果,资产必须是现实的资产,而不能是预期的资产。未来交易或事项可能产生的结果不能作为资产确认。例如"计划购入的物资"不是过去的交易或事项形成的,因此不能作为资产确认。

（2）资产必须为企业拥有或控制。企业应该拥有该项资产的所有权,可以按照自己的意愿使用或处置资产;即使不为企业所拥有,也是企业所控制的。例如"融资租入的固定资产",虽然企业没有其所有权,但拥有实际控制权,因此确认为企业的资产。

（3）资产能够给企业带来预期的经济利益。经济利益是指直接或间接地流入企业的现金或现金等价物。在企业生产经营活动中,凡是能够给企业提供未来经济利益的资源都可以成为资产。但资产必须具有使用价值与交换价值。没有经济价值,不能给企业带来经济利益的项目,就不能确认为企业的资产。例如"已经霉烂变质的存货"预期不能给企业带来经济利益,无使用价值,因此不能确认为企业的资产。

(4)资产必须能够用货币计量。一项资产如果不能用货币来计量,就失去了会计核算的基础,也就无法将其作为会计要素来确认。

(二)负债

负债是指企业过去的交易或者事项形成的,预期会导致经济利益流出企业的现时义务。

1.负债的分类

负债按其流动性不同,分为流动负债和非流动负债。流动负债是指将在一年或者超过一年的一个营业周期内偿还的债务,非流动负债是指不能在一年或超过一年的一个营业周期内偿还的债务。具体内容见表1-4。

表 1-4 负债的分类

分 类		释 义
流动负债	短期借款	向金融机构借入的一年以内(包括一年)即要偿还的借款
	应付及预收款项	包括应付票据、应付账款、预收账款、应付利息、应付股利、其他应付款等
	应付职工薪酬	应当支付的劳动报酬,包括工资、福利、社会保险、住房公积金等
	应交税费	按规定应当上交给国家的税费(如增值税、消费税、营业税、企业所得税、教育费附加等)
非流动负债	长期借款	向金融机构借入的偿还期在一年以上(不包括一年)的借款
	应付债券	企业为筹集长期资金而向社会公众发行的、约定在一定日期或分期偿还本金并按期付息的一种有价证券
	长期应付款	除长期借款和应付债券以外的其他各种长期应付账款

2.负债的特征

(1)负债是由过去的交易或事项形成的。也就是说,导致负债的交易或事项必须已经发生,例如,企业赊购商品或劳务,会产生应付账款,接受银行贷款会产生还本付息的义务。只有已经发生的交易或事项,会计上才有可能确认为负债。对于企业正在筹划的未来交易或事项,如企业的业务计划等,并不构成企业的负债。

(2)负债的清偿预期会导致经济利益流出企业。负债通常是在未来某一时日通过交付资产(包括现金与其他资产)或提供劳务来清偿的。例如,企业赊购的材料已验收入库,但尚未付款,该业务所形成的应付账款应确认为企业的负债,需要在未来某一时日通过交付现金或银行存款来清偿,从而引起经济利益流出企业。

(三)所有者权益

所有者权益是指企业资产扣除负债后,由所有者享有的剩余权益,是企业资产中由投资人(即企业所有者)享有的经济利益,是企业的全部资产减去全部负债后的差额,即企业的净资产。

1.所有者权益的分类

所有者权益来源构成如表1-5所示。

表 1-5　所有者权益来源构成

分　类		释　义
实收资本（股本）		投资者（股东）实际投入企业的资本金，如投资者投入的货币资金、原材料、固定资产等
资本公积		企业收到投资者出资额超出其在注册资本或股本中所占份额的部分以及直接计入所有者权益的利得或损失等
留存收益	盈余公积	根据法律规定企业从净利润中提取的公积金，法定盈余公积比例为 10%
	未分配利润	企业待分配或留到以后年度分配的利润

2.所有者权益与负债的区别

（1）债权人有优先于所有者的求偿权。例如：企业发生破产或清算，首先要偿还债权人的资产，如有剩余再偿还投资者。

（2）债权人得到的债权收益通常是事先确定的，是能够计算的固定金额。所有者得到的投资收益要取决于企业的经营成果。例如，企业银行借款的利率是事先确定的，根据借款期限可以计算出利息。而要分配给投资者的是利润，利润的高低取决于企业的经营状况，则不是固定的。

（3）债权人的求偿权一般都有固定的到期日，是企业法定的债务，企业到期必须偿还。所有者投入企业的资金没有确定的到期日，不是企业法定偿还的，根据《中华人民共和国公司法》的规定，如果所有者将投入企业的资金抽走，则属于抽逃资金的违法行为。

（四）收入

收入是指企业在日常活动中形成的，会导致所有者权益增加的，与所有者投入资本无关的经济利益的总流入。

1.收入的分类

收入的分类如表 1-6 所示。

表 1-6　收入的分类

分　类		释　义
按企业所从事的日常活动内容分类	销售商品收入	企业通过销售商品实现的收入
	提供劳务收入	企业通过提供各种劳务服务所获得的收入，如咨询、代理收入等
	让渡资产使用权收入	企业通过让渡资产使用权实现的收入，如企业对外出租取得的租金收入等
按企业经营业务的主次不同分类	主营业务收入	企业通过销售商品、提供劳务及让渡资产使用权等正常经营活动取得的收入
	其他业务收入	除主营业务以外的其他业务所取得的收入，包括材料销售、包装物出租、代购代销等业务取得的收入

提示：《企业会计准则》中定义的收入是狭义的，广义的收入还包括营业外收入，是指与

企业日常活动经营无关的利得(不包括直接计入所有者权益的利得),包括处置资产净收益、罚款收入等。

2.收入的特征

(1)收入是在企业的日常活动中产生的,而不是在偶发的交易或事项中产生的,如企业销售商品、提供劳务、出租资产而取得的收入等;

(2)收入能引起企业所有者权益的增加;

(3)收入是与所有者投入资本无关的经济利益的总流入。

（五）费用

费用是指企业在日常活动中所发生的,会导致所有者权益减少的,与向所有者分配利润无关的经济利益的总流出。

1.费用的分类

按照经济用途的不同,费用可以分为生产费用和期间费用,具体见表1-7。

表 1-7　费用的构成

分　类		释　义
生产费用 (营业成本)	直接材料	企业为生产一定种类和数量的产品所发生的费用,即产品的制造成本(生产成本),是对象化了的费用
	直接人工	
	制造费用	
期间费用	管理费用	企业发生的不能计入产品生产成本而应直接计入当期损益的费用
	财务费用	
	销售费用	

2.费用的特征

(1)费用是企业在日常活动中形成的,而不是在偶发的交易或事项中形成的。有些交易或事项虽然也能使企业发生经济利益的流出,但由于其不属于企业的日常经营活动,所以,其导致的经济利益流出不属于费用而是损失,如企业处置固定资产、无形资产等的净损失,对外捐赠,等等。

(2)费用是与向所有者分配利润无关的经济利益的总流出。

(3)费用可以表现为资产的减少或负债的增加,或表现为所有者权益的减少。企业采购原材料或商品,需要支付货款(资产的减少),若不支付货款,将产生一项负债(增加应付款项)。有时也会同时出现资产的减少和负债的增加。

（六）利润

利润是指企业在一定会计期间的经营成果,包括收入减去费用后的净额、利得减去损失后的净额。

《企业会计准则》规定,企业的利润一般分为营业利润、利润总额和净利润三部分。

营业利润＝营业收入－营业成本－税金及附加－期间费用

－资产减值损失±公允价值变动损益±投资收益

利润总额（税前利润）＝营业利润＋营业外收入－营业外支出

净利润（税后利润）＝利润总额－所得税费用

二、会计计量

会计计量是指在会计核算过程中,对各项交易事项都须以某种尺度为标准确定它的量,有实物计量(如吨、千克)和货币计量(如元、万元)。会计计量属性有历史成本、重置成本、可变现净值、现值和公允价值。

(一)历史成本

历史成本指的是资产按照购置时支付的现金或者现金等价物的金额,或者按照购置时所付出的对价的公允价值计量。

根据定义可以看出在历史成本计量下,发生成本的时点是资产取得当时的成本,是基于真实交易的价格。历史成本为交易双方所认可,并具有合法的原始凭证,减少了人为的判断。

负债按照因承担现实义务而实际收到的款项或资产的金额,或者按照承担现实义务的合同金额,或者按照日常活动中为偿还负债预期需要支付的现金或现金等价物的金额计量。同样,负债按照以债务为交换而收到款项的金额,或者按照在正常经营中为偿还负债将要支付的现金等价物的金额计量。

(二)重置成本

重置成本也叫现行成本,在重置成本计量下,资产按照现在购买相同或者相似资产所需支付的现金或者现金等价物的金额计量;负债按照现在偿付该项债务所需支付的现金或者现金等价物的金额计量。

在原始交易日,现行成本与历史成本代表相同的数量,等同于当时资产的交易价格,在资产负债表后,两者在数量上往往出现偏差,这种偏差来自市场物价的变动、技术进步及对资产的预期等。

(三)可变现净值

在可变现净值计量下,资产按照其正常对外销售所能收到的现金或者现金等价物的金额扣减该资产至完工时估计将要发生的成本、销售费用以及相关税费后的金额计量。

(四)现值

在现值计量下,资产按照预计从其持续使用和最终处置中取得的未来净现金流入量的折现金额计量;负债按照预计期限内需要偿还的未来净现金流出量的折现金额计量。

(五)公允价值

公允价值也称公允市价、公允价格,是指在公平交易中,熟悉情况的买卖双方在公平交易的条件下所确定的价格,或在公平交易的条件下一项资产可以被买卖的成交价格。

在公允价值计量下,资产和负债按照公平交易中熟悉情况的交易双方自愿进行资产交换或者债务清偿的金额计量。采用公允价值作为计量属性,目的在于为现在和潜在的投资者、借款人以及其他用户提供有用的信息。相对于历史成本信息,公允价值信息更多地反映了市场对企业资产或整体价值的评价,可以与资产负债表更好地吻合,更具有相关性。

■■■ 思考题

企业名称:兰心化妆品有限公司
统一社会信用代码:331003856210256812
经营范围:化妆品生产与销售
法人代表:王芝兰
注册资本:1 000 万元
地址及电话:台市北城工业园区西湖路 33 号　004-86111111
开户银行及账号:台市农行板桥支行　19-915601040002155
现该公司已办理相关证照,请试着为该公司完成账户的初始设置,并试着制定该公司的财务制度。

■■■ 自测题

二维码 1-10

项目二

会计记账方法

能力目标

1.能解释会计基本等式；

2.能根据企业经营活动熟练设置会计账户；

3.能运用借贷记账法原理熟练编制简单的会计分录；

4.能进行简单的试算平衡。

知识目标

1.理解会计科目及账户的概念；

2.掌握会计账户的基本结构；

3.理解复式记账法的基本原理；

4.掌握借贷记账法的规则；

5.掌握会计分录的编制要点。

任务1　认识会计等式

一、会计等式的含义

会计等式是指各会计要素或结算项目之间的数量关系，又称为会计平衡公式或会计方程式。它是根据各会计要素或结算项目之间的内在联系概括出的一种数学表达式。

二维码 2-1

二、会计等式的来源

(一)资产、负债、所有者权益之间的数量关系

根据资金来源量等于资金占用量这个客观经济事实,可以发现资金占用的状态和数量正是企业所拥有的经济资源的具体表现,其形成的是企业的资产。而资金来源正好说明了资源的提供情况,表明企业所拥有资源的权属。由此可以推导出会计的基本等式:

$$资金占用量=资金来源量$$
$$资产=权益$$

由于权益包括了所有者权益(即要求分享企业利润的权利)和债权人权益(即要求到期偿还资产本息的权利),故有:

$$资产=负债+所有者权益$$

等式两边的会计要素实质上是同一价值运动的两个方面。从数量上讲,资产总额必然等于负债和所有者权益总额。这一等式是会计恒等式。

上述等式反映了企业在某一特定日期的财务状况(即企业资源的规模、分布状况及结构,资源是由谁提供的,提供者各自的比例是多少),它是复式记账法的理论基础,也是编制资产负债表的依据。

(二)收入、费用、利润之间的数量关系

企业将其所拥有或控制的资源投入日常生产经营活动,预期会给企业带来经济利益,即收入。在日常的生产经营活动中又必然会发生经济利益流出,即费用。企业一定会计期间的收入与费用配比后即为企业的经营成果,表现为利润。故可推导出:

$$收入-费用=利润$$

该等式是企业编制利润表的基础。

(三)两个等式间的关系

利润是企业生产经营的终极结果,利润有正负之分,但不管是亏损还是赢利都由企业的所有者承担,故可表现为经营过程中所有者权益的减少或增加,这从侧面说明了所有者投入资本的增值程度。所以,资金的静态形式就表现为以下等式:

$$资产=负债+所有者权益+利润$$

但在资金的动态运动过程中,又会出现收入和费用的发生额,这个发生额最终会影响上述等式。因为在资金的运动过程中既会出现经济利益的流入,即收入;也会发生经济利益的流出,即费用。所以上述等式又可以写成:

$$资产=负债+所有者权益+收入-费用$$

总括以上说明,会计恒等式表达了各会计要素之间的关系,是复式记账、账户余额试算平衡及编制会计报表的理论依据。

三、经济业务发生对会计恒等式的影响

企业在经营过程中发生的各种经济活动在会计上称为经济业务,又称会计事项。经济业务的发生,必然会引起企业的资产和权益发生增减变动。那么,经济业务的发生会不会影响会计等式的恒等关系呢?

二维码 2-2

经济业务发生所引起的各项会计要素的增减变动,归纳起来,可以分为四种类型、九种情况,详见表 2-1。

表 2-1　经济业务发生对会计要素的影响

经济业务类型	资　产	＝	负　债	＋	所有者权益
第一种类型	增加		增加		
	增加				增加
第二种类型	减少		减少		
	减少				减少
第三种类型	增加、减少				
第四种类型			增加、减少		
					增加、减少
			增加		减少
			减少		增加

【例 2-1】兰心化妆品有限公司年初资产总额为 820 000 元,负债总额为 320 000 元,所有者权益总额为 500 000 元,1 月份发生下列经济业务。

(1)从银行提取现金 7 000 元。

分析:该业务发生使公司资产中的库存现金增加 7 000 元,银行存款减少 7 000 元,资产一增一减,增减的金额相等,因此会计恒等式仍然成立。

资产(820 000＋7 000－7 000)＝负债(320 000)＋所有者权益(500 000)

(2)向银行借入一年期借款 20 000 元,归还前欠外单位货款。

分析:该业务发生使公司负债中的短期借款增加 20 000 元,应付账款减少 20 000 元,负债一增一减,增减的金额相等,因此会计恒等式仍然成立。

资产(820 000)＝负债(320 000＋20 000－20 000)＋所有者权益(500 000)

(3)从外单位购入生产用设备一台,价值 60 000 元,货款尚未支付。

分析:该业务发生使公司资产中的固定资产增加 60 000 元,负债中的应付账款也增加 60 000 元,会计恒等式两边同时增加且增加金额相等,因此会计恒等式仍然成立。

资产(820 000 ＋60 000)＝负债(320 000＋60 000)＋所有者权益(500 000)

(4)公司以银行存款偿还前欠设备款 60 000 元。

分析:该业务发生使公司资产中的银行存款减少 60 000 元,同时负债中的应付账款也减少 60 000 元,会计恒等式两边同时减少且减少的金额相等,因此会计恒等式仍然成立。

资产(880 000－60 000)＝负债(380 000－60 000)＋所有者权益(500 000)

（5）公司收到新股东投资的 100 000 元，存入银行。

　　分析：该业务发生使公司资产中的银行存款增加 100 000 元，同时所有者权益中的实收资本也增加 100 000 元，会计恒等式两边同时增加且增加的金额相等，因此会计恒等式仍然成立。

　　资产（820 000＋100 000）＝负债（320 000）＋所有者权益（500 000＋100 000）

（6）经批准，公司减少注册资本 50 000 元，已办理减资手续。

　　分析：该业务发生使公司资产中的银行存款减少 50 000 元，同时所有者权益中的实收资本也减少 50 000 元，会计恒等式两边同时减少且减少的金额相等，因此会计恒等式仍然成立。

　　资产（920 000－50 000）＝负债（320 000）＋所有者权益（600 000－50 000）

（7）公司将盈余公积 50 000 元转增资本。

　　分析：该业务发生使公司所有者权益中的盈余公积减少 50 000 元，同时所有者权益中的实收资本增加 50 000 元，所有者权益一增一减，增减的金额相等，因此会计恒等式仍然成立。

　　资产（870 000）＝负债（320 000）＋所有者权益（550 000＋50 000－50 000）

（8）经协商，银行将公司欠的长期贷款 300 000 元转为对公司的投资。

　　分析：该业务发生使公司负债中的长期借款减少 300 000 元，同时所有者权益中的实收资本增加 300 000 元，负债减少和所有者权益增加的金额相等，因此会计恒等式仍然成立。

　　资产（870 000）＝负债（320 000－300 000）＋所有者权益（550 000＋300 000）

（9）公司决定将其未分配利润 35 000 元用于股东分红。

　　分析：该业务发生使公司所有者权益中的未分配利润减少 35 000 元，同时负债中的应付给股东的红利增加 35 000 元，所有者权益减少和负债增加的金额相等，因此会计恒等式仍然成立。

　　资产（870 000）＝负债（20 000＋35 000）＋所有者权益（850 000－35 000）

　　从以上简单例子可以看出，任何一笔经济业务的发生，无论引起会计要素发生怎样的变化，资产和权益发生怎样的增减变动，都不会破坏会计恒等式的平衡关系。企业的资产总额总是等于它的权益总额，也就是说，无论发生什么经济业务，都不会破坏资产与权益的恒等关系。

　　现将上述每一笔经济业务都以相等金额在相互联系的两个账户中登记，如表 2-2 所示。

表 2-2　经济业务发生对会计恒等式的影响实例

单位：元

经济业务序号	资产			负债			所有者权益		
	账户名称	增加金额	减少金额	账户名称	增加金额	减少金额	账户名称	增加金额	减少金额
（1）	库存现金 银行存款	7 000	7 000						
（2）				短期借款 应付账款	20 000	20 000			
（3）	固定资产	60 000		应付账款	60 000				
（4）	银行存款		60 000	应付账款		60 000			
（5）	银行存款	100 000					实收资本	100 000	

续　表

经济业务序号	资　产			负　债			所有者权益		
	账户名称	增加金额	减少金额	账户名称	增加金额	减少金额	账户名称	增加金额	减少金额
(6)	银行存款		50 000				实收资本		50 000
(7)							实收资本 盈余公积	50 000	50 000
(8)				长期借款		300 000	实收资本	300 000	
(9)				应付股利	35 000		利润分配		35 000
合　计		167 000	117 000		115 000	380 000		450 000	135 000
增减相抵后的差额		50 000			−265 000			315 000	

表 2-2 中每一笔经济业务的数据都在两个账户中做双重记录,其结果是,会计恒等式中的资产总额和负债及所有者权益总额相等,即 50 000 = −265 000 + 315 000。

任务2　设置会计科目与账户

一、会计要素的进一步分类——会计科目

作为会计数据的归类标准,会计要素仍然过于笼统、概括,不能详细地提供管理所需资料。为了满足管理需要,还必须在会计要素的基础上进行进一步的分类,即设置相应的会计科目。

会计科目是指对会计要素按照具体内容进行分类核算的标志、项目或名称,是进行各项会计记录和提供各项会计信息的基础,在会计核算中具有重要意义。

会计对象、会计要素与会计科目的关系如图 2-1 所示。

二维码 2-3

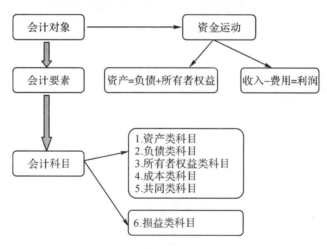

图 2-1　会计对象、会计要素与会计科目的关系

按照《企业会计准则——应用指南》的规定,企业会计核算主要包括156个具体会计科目,并对会计科目进行统一的编号,在不违反《企业会计准则》中确认、计量和报告规定的前提下,每一个企业可以在此基础上根据本单位实际情况自行增设、分拆、合并会计科目,表2-3列出了企业常用的会计科目。

表2-3 企业常用会计科目

序 号	编 号	会计科目名称	序 号	编 号	会计科目名称
		一、资产类	29	2221	应交税费
1	1001	库存现金	30	2231	应付利息
2	1002	银行存款	31	2232	应付股利
3	1012	其他货币资金	32	2241	其他应付款
4	1101	交易性金融资产	33	2501	长期借款
5	1121	应收票据	34	2502	应付债券
6	1122	应收账款			三、共同类(略)
7	1123	预付账款			四、所有者权益类
8	1131	应收股利	35	4001	实收资本
9	1132	应收利息	36	4002	资本公积
10	1221	其他应收款	37	4101	盈余公积
11	1231	坏账准备	38	4103	本年利润
12	1401	在途物资	39	4104	利润分配
13	1403	原材料			五、成本类
14	1405	库存商品	40	5001	生产成本
15	1411	周转材料	41	5101	制造费用
16	1501	持有至到期投资			六、损益类
17	1511	长期股权投资	42	6001	主营业务收入
18	1601	固定资产	43	6051	其他业务收入
19	1602	累计折旧	44	6111	投资收益
20	1701	无形资产	45	6301	营业外收入
21	1702	累计摊销	46	6401	主营业务成本
22	1801	长期待摊费用	47	6402	其他业务成本
23	1901	待处理财产损溢	48	6403	税金及附加
		二、负债类	49	6601	销售费用
24	2001	短期借款	50	6602	管理费用
25	2201	应付票据	51	6603	财务费用
26	2202	应付账款	52	6711	营业外支出
27	2203	预收账款	53	6801	所得税费用
28	2211	应付职工薪酬			

会计科目按不同分类标准,可分为不同的种类。

(一)按经济内容分类

从表 2-3 中可以看出,企业会计科目按照经济内容可以分为六大类,即资产类、负债类、共同类、所有者权益类、成本类和损益类。

(二)按提供核算指标的详细程度分类

按提供核算指标的详细程度不同,会计科目可分为总分类科目和明细分类科目两类。

(1)总分类科目。总分类科目亦称总账科目或一级科目,是对会计要素具体内容进行的总括分类,提供总括信息的会计科目,表 2-3 中的科目都为总分类科目。

(2)明细分类科目。明细分类科目亦称明细科目或细目,是对总分类科目的经济内容所做的进一步分类,是用来辅助总分类科目反映会计核算资料详细、具体指标的科目。如在"应付职工薪酬"总分类科目下设置"工资""职工福利""社会保险费""住房公积金""工会经费""职工教育经费"等明细科目,分类反映"应付职工薪酬"的具体情况。

有的总分类科目无须设置明细分类科目,如"累计折旧""本年利润"等。在实际的会计核算工作中,若一个总分类科目下设置的明细分类科目过多,往往会给记账、稽核、查对等带来诸多不便。这时,就可在总分类科目与明细分类科目之间增设二级或多级科目。二级科目是对总分类科目的进一步分类,简称子目;如还需细分,可设三级科目,其是对二级科目的进一步分类,简称细目。子目和细目均属于明细科目。"原材料"明细科目设置情况如表 2-4 所示。

表 2-4　"原材料"明细科目

总分类科目	明细分类科目	
	二级科目(子目)	三级科目(细目)
原材料	基质原料	油质原料
		粉质原料
	辅助原料	天然添加剂
		表面活性剂

在设置会计科目的过程中应遵循三个原则:

第一,合法性原则。设置的会计科目应符合国家统一的会计制度的规定,总分类科目一般根据国家统一的会计制度的有关规定设置。

第二,相关性原则。设置的会计科目应当为提供有关各方所需要的会计信息服务,满足有关各方的需求。

第三,实用性原则。设置的会计科目应符合单位自身的特点,满足单位实际需要,有的明细分类科目是根据国家统一的会计制度的有关规定设置的,有的是企业自行设置的。

二、记录会计要素增减变化的工具——会计账户

会计账户是按照会计科目名称设置的,是对会计要素的具体内容进行分类核算和监督的一种工具。为了对各项经济业务的发生所引起的会计要素的增减变动情况及结果进行全面、连续、系统、准确的反映和监督,还须借助会计账户。

二维码 2-4

会计账户具有一定的结构和格式,一般格式如表 2-5 所示。

表 2-5　会计账户的一般格式

会计科目及编号_____

年 月 日	凭证 字号	摘　要	借　方 亿千百十万千百十元角分	贷　方 亿千百十万千百十元角分	借 或 贷	余　额 亿千百十万千百十元角分

账户的名称即会计科目的名称;日期即根据记账凭证的日期填写;凭证字号即账户记录的依据,目的是建立起凭证与账户、账簿之间的联系;摘要即概要说明经济业务的内容;增减(借贷)金额栏即表明经济业务增减变动情况;借或贷方向栏即说明经济业务增减变动后的结果的方向;余额即表明经济业务增减变动后的结果。

教学中,为了方便,账户的基本结构通常用 T 形账户表示,如图 2-2 所示。

借方　　　　　　　　　　　　　账户名称(会计科目)　　　　　　　　　　　贷方

图 2-2　T 形账户结构

由于我国现行的记账方法是借贷记账法,所以账户也就分为"借方"和"贷方"两个方向,其中左方为"借方",右方为"贷方"。会计账户的借方和贷方分别用来反映金额的相反变化,即一方登记增加金额,一方登记减少金额,但不是所有账户的增加或减少金额都登记在一个方向上。至于哪一方登记增加金额,哪一方登记减少金额,则取决于账户的性质,即它所要反映的经济内容是资产、费用还是负债、所有者权益、收入。

会计账户与会计科目的关系如下:会计账户是根据会计科目开设的,两者名称相同,体现的核算内容相同。但会计科目与会计账户又是有区别的,会计科目仅仅是名称而已,不存

在结构的问题;而会计账户不仅要有内容,还必须具备一定的结构,它是各单位记录、加工、整理、汇总各种会计信息的载体。

任务3 掌握借贷记账法

二维码 2-5

一、复式记账法的要点

复式记账法的要点如表 2-6 所示。

表 2-6 复式记账法的要点

要　点	具体内容
概　念	复式记账法就是对任何一笔经济业务,都必须用相等的金额在两个或两个以上的有关账户中进行登记的记账方法
理论基础	复式记账法的理论基础是会计恒等式。 某一项会计要素发生增减变化,其他一项或几项会计要素必然随之发生等量的增减变化。为此,只有通过两个或两个以上的有关账户做双重记录,才能使经济活动的客观规律得到全面的反映。显然,这是会计恒等式本身的特点决定的。它如实地反映了经济活动之间的客观联系,也说明了复式记账法的科学性
种　类	三种复式记账法:借贷记账法、收付记账法、增减记账法。 我国于 1993 年 7 月改革了过去几种记账方法并行的做法,统一了记账方法,规定企业一律采用借贷记账法,使用世界通用的"会计语言"

二、借贷记账法

借贷记账法的要点如表 2-7 所示。

表 2-7 借贷记账法的要点

要　点	具体内容
概　念	借贷记账法是以"借""贷"作为记账符号,对任何一笔经济业务,都必须用相等的金额在两个或两个以上的有关账户中进行登记的一种记账方法
优　点	1.在账户中能反映出所有经济业务的来龙去脉; 2.有关账户可以明确反映出对应关系和数字的钩稽关系; 3.全部账户借方发生额合计数和贷方发生额合计数相等
记账符号	1."借"表示记入账户的借方,"贷"表示记入账户的贷方; 2.含义:一是表示账户中两个对立的记账部位,二是指一笔经济业务所涉及的两个或两个以上账户的对应关系; 3.借贷记账法下的账户结构:在借贷记账法下,任何账户都分为借方和贷方两个基本部分,通常左方为借方,右方为贷方。账户的基本结构可用 T 形账户表示

要 点	具体内容
记账规则	"有借必有贷、借贷必相等",即运用借贷记账法记账,要求对发生的每一笔经济业务都在一个或几个账户的借方和另一个或几个账户的贷方同时进行登记,并且记入借方账户的金额必须等于记入贷方账户的金额
账户对应关系	根据"有借必有贷,借贷必相等"的记账规则登记每笔经济业务时,在有关账户之间就发生了应借、应贷的关系,账户之间的这种关系,叫作账户的对应关系;发生对应关系的账户,叫作对应账户。 账户对应关系的作用: 1.通过账户的对应关系,可以了解经济业务的内容; 2.通过账户的对应关系,可以发现对经济业务的处理是否符合有关经济法规和财务会计制度
步 骤	1.一笔经济业务发生,先判断在哪两个或两个以上账户中登记; 2.明确所涉及的账户是属于哪一类会计要素的账户; 3.根据不同会计要素的账户结构,确定经济业务的增加额和减少额的记账方位,即记在借方还是记在贷方

三、借贷记账法下的账户结构

长期以来,人们约定俗成:资产类账户的借方登记增加数,贷方登记减少数;权益类账户的贷方登记增加数,借方登记减少数。

根据"资产＋费用＝负债＋所有者权益＋收入"的等式,收入的增加可以视为所有者权益的增加,费用的增加可以视为所有者权益的减少,这就决定了收入类账户的结构与所有者权益类账户基本一致,成本费用支出类账户的结构与资产类账户基本一致。

二维码 2-6

(一)资产类账户

资产类账户借方登记增加额,贷方登记减少额,期末余额在借方,如图 2-3 所示。

借方	会计科目		贷方
期初余额 (增加)		(减少)	
本期增加发生额合计 期末余额		本期减少发生额合计	

图 2-3 资产类账户的结构

资产类账户期末余额的计算公式为

期末(借方)余额＝期初(借方)余额＋本期借方发生额合计－本期贷方发生额合计

(二)负债类账户

负债类账户的结构与资产类账户的结构相反,即借方登记减少额,贷方登记增加额,期末余额在贷方,如图 2-4 所示。

借方	会计科目	贷方
（减少）	期初余额 （增加）	
本期减少发生额合计	本期增加发生额合计 期末余额	

图 2-4　负债类账户的结构

负债类账户期末余额的计算公式为

期末（贷方）余额＝期初（贷方）余额＋本期贷方发生额合计－本期借方发生额合计

（三）所有者权益类账户

所有者权益类账户的结构与负债类账户的结构相同，即借方登记减少额，贷方登记增加额，期末余额在贷方，如图 2-5 所示。

借方	会计科目	贷方
（减少）	期初余额 （增加）	
本期减少发生额合计	本期增加发生额合计 期末余额	

图 2-5　所有者权益类账户的结构

所有者权益类账户期末余额的计算公式为

期末（贷方）余额＝期初（贷方）余额＋本期贷方发生额合计－本期借方发生额合计

（四）损益类账户

损益类账户包括收入和费用两类账户，在借贷记账法下，这两类账户的结构正好相反。收入类账户的结构与所有者权益类账户的结构相似，即借方登记减少额，贷方登记增加额，但期末没有余额，如图 2-6 所示。

借方	会计科目	贷方
（减少）	（增加）	
本期减少发生额合计	本期增加发生额合计	

图 2-6　收入类账户的结构

费用类账户则与资产类账户的结构相似，即借方登记增加额，贷方登记减少额，但期末没有余额，如图 2-7 所示。

借方	会计科目	贷方
（增加）	（减少）	
本期增加发生额合计	本期减少发生额合计	

图 2-7　费用类账户的结构

（五）成本类账户

成本类账户的结构与费用类账户的结构相似,即借方登记增加额,贷方登记减少额,期末一般无余额,若有余额则在借方,如图 2-8 所示。

借方	会计科目	贷方
期初余额 （增加）	（减少）	
本期增加发生额合计 期末余额	本期减少发生额合计	

图 2-8　成本类账户的结构

综上所述,各账户的结构可总结为图 2-9。

借方	会计科目名称	贷方
资产的增加 负债的减少 所有者权益的减少 费用（成本）的增加 收入的减少	资产的减少 负债的增加 所有者权益的增加 费用（成本）的减少 收入的增加	
资产（成本）的期末余额	负债的期末余额 所有者权益的期末余额	

图 2-9　各账户结构的总结

一般情况下,有期初余额的账户,期初余额的方向与其增加额、期末余额的方向相同。如资产类账户的期初余额、增加额、期末余额都在借方。但亦有例外,如"应收账款"是资产类账户,期初余额一般在借方,反映期初尚未收回的账款。如果应收账款期末余额仍在借方,则反映期末尚未收回的账款,仍为资产性质的账户;如果期末余额出现在贷方,则说明本期多收了,多收部分就转化为预收账款,变成负债性质的账户了。类似的情况在很多账户中都存在,如"应付账款""预收账款""预付账款"等反映往来账款的账户。

【例 2-2】试着根据借贷记账法原理,分析某公司发生下列经济业务后对企业哪些账户产生影响,如何影响。

(1)2018 年 6 月 7 日,出纳李薇从银行提取现金 3 000 元。

这笔业务涉及"库存现金"和"银行存款"两个账户,两者都属于资产类账户,资产的增加记在"库存现金"账户的借方,资产的减少记在"银行存款"账户的贷方。

(2)2018 年 6 月 13 日,向银行借入一年期借款 100 000 元。

这笔业务涉及"短期借款"和"银行存款"两个账户,前者属于负债类账户,增加登记在"短期借款"的贷方,后者属于资产类账户,增加登记在"银行存款"的借方。

(3)2018 年 6 月 15 日,外购生产用设备一台,价值 60 000 元,货款尚未支付,设备已投入使用(假设不考虑相关税费)。

这笔业务涉及"固定资产"和"应付账款"两个账户,前者属于资产类账户,后者属于负债类账户,资产增加登记在"固定资产"的借方,负债增加登记在"应付账款"的贷方。

(4)2018 年 6 月 22 日,公司以银行存款偿还前欠设备款 60 000 元。

这笔业务涉及"银行存款"和"应付账款"两个账户,前者属于资产类账户,后者属于负债类账户,资产减少登记在"银行存款"的贷方,负债减少登记在"应付账款"的借方。

上述四笔业务记账的结果如图 2-10 所示。

借方	库存现金	贷方
(1) 3 000		

借方	银行存款	贷方
(2) 100 000	(1)	3 000
	(4)	60 000

借方	应付账款	贷方
(4) 60 000	(3)	60 000

借方	短期借款	贷方
	(2)	100 000

借方	固定资产	贷方
(3) 60 000		

图 2-10 上述四笔业务记账的结果

企业日常要发生大量的经济业务,如果按照经济业务逐笔记入账户,不但工作量大,而且也易发生差错,进而影响到企业所提供的会计信息的正确性。因此,在实务工作当中,为了保证账户记录的正确性和便于事后检查,在将经济业务记入账户之前,采用一种专门的方法来确定各项经济业务正确的账户对应关系,即确定经济业务涉及的账户及其借贷方向和金额,这种方法就是编制会计分录。

四、编制会计分录

编制会计分录的要点如表 2-8 所示。

表 2-8　编制会计分录的要点

知识要点	具体内容
概　念	会计分录又称记账公式,简称分录。它是按照复式记账法的要求,对每项经济业务列示出应借、应贷的账户名称及其金额的一种记录
分录三要素	1.账户的名称,即会计科目; 2.记账方向的符号,即借方和贷方; 3.记录的金额
分录书写格式	1.先借后贷,即借方在前,贷方在后; 2.借方内容与贷方内容要分上下行书写,不能写在同一行,且贷方的文字和金额都要比借方后退两格书写; 3.在一借多贷、一贷多借或多借多贷的情况下,借方或贷方的文字要对齐,金额也应对齐; 4.金额后无"元"字
分录分类	1.简单会计分录:指所涉及的账户只有两个,也就是一个账户的借方与另一个账户的贷方发生对应关系的会计分录,即一借一贷的会计分录; 2.复合会计分录:指涉及的账户数量为两个以上,也就是一个账户的借方与另外几个账户的贷方、几个账户的借方与另外一个账户的贷方或几个账户的借方与另外几个账户的贷方发生对应关系的会计分录,即一借多贷、多借一贷或多借多贷的会计分录
编制分录的步骤	当一笔经济业务发生后,需要分以下四个步骤分析、编制会计分录: 1.确认涉及的账户是资产(费用、成本)类账户还是权益(收入)类账户; 2.确认账户金额变化是增加还是减少; 3.确认记账方向是借方还是贷方; 4.确认借贷方金额是否相等

【例 2-3】将例 2-2 四笔经济业务编制会计分录如下：

(1)借:库存现金 　　　　　　　　　　　　　　　　　3 000
　　　贷:银行存款 　　　　　　　　　　　　　　　　　　3 000
(2)借:银行存款 　　　　　　　　　　　　　　　　100 000
　　　贷:短期借款 　　　　　　　　　　　　　　　　　100 000
(3)借:固定资产 　　　　　　　　　　　　　　　　　60 000
　　　贷:应付账款 　　　　　　　　　　　　　　　　　60 000
(4)借:应付账款 　　　　　　　　　　　　　　　　　60 000
　　　贷:银行存款 　　　　　　　　　　　　　　　　　60 000

【例 2-4】某公司购入甲材料一批,价款共计 20 000 元,以银行存款支付 15 000 元,余款暂欠。假设不考虑相关税费,则编制会计分录如下：

借:原材料——甲材料 　　　　　　　　　　　　　　20 000
　　贷:银行存款 　　　　　　　　　　　　　　　　　15 000
　　　　应付账款 　　　　　　　　　　　　　　　　　5 000

五、根据账户平衡关系进行试算平衡

为保证一定时期内所发生的经济业务在会计科目中登记的正确性,需要在一定时期终了时,对账户记录进行试算平衡。试算平衡是通过账户余额或发生额合计数之间的平衡关系,检验记账工作正确与否的一种方法。在不同的记账方法下,试算平衡的公式不同,但其实质都是反映资金运动的平衡关系。

(一)试算平衡的具体内容

(1)检查每个会计分录的借贷方金额是否相等;

(2)检查总分类账户的借贷方发生额是否相等;

(3)检查总分类账户的借贷方余额是否相等。

(二)试算平衡的基本公式

(1)全部账户的借方期初余额合计=全部账户的贷方期初余额合计;

(2)全部账户的借方发生额合计=全部账户的贷方发生额合计;

(3)全部账户的借方期末余额合计=全部账户的贷方期末余额合计。

如果上述等式都能保持平衡,说明记账工作基本上是正确的,否则就说明记账工作发生了差错。在实际工作中,这种试算平衡通常是通过编制试算平衡表来进行的。

(三)试算平衡表的编制

试算平衡表可以分为两种,一种是将本期发生额和期末余额分别编制试算平衡表,另一种是将本期发生额和期末余额合并在一张表上进行试算平衡,如表 2-9 所示。

表 2-9　试算平衡表

2018 年 12 月 31 日　　　　　　　　　　　　　　　　　　　　单位:元

总账科目	期初余额		本期发生额		期末余额	
	借　方	贷　方	借　方	贷　方	借　方	贷　方
库存现金	60 000.00	0.00	2 500.00	3 010.00	59 490.00	0.00
银行存款	2 9930 000.00	0.00	11 954 500.00	14 784 545.00	27 099 955.00	0.00
应收账款	2 000 000.00	0.00	3 199 500.00	3 589 500.00	1 610 000.00	0.00
其他应收款	10 000.00	0.00	14 000.00	4 000.00	20 000.00	0.00
坏账准备	0.00	100 000.00	0.00	160 200.00	0.00	260 200.00
原材料	4 926 500.00	0.00	13 847 671.00	9 666 954.04	9 107 216.96	0.00
库存商品	7 262 000.00	0.00	13 004 910.86	1 767 500.00	18 499 410.86	0.00
固定资产	102 272 321.00	0.00	12 030 500.00	2 501 750.00	111 801 071.00	0.00
累计折旧	0.00	4 068 419.48	184 416.05	467 547.89	0.00	4 351 551.32
固定资产清理	0.00	0.00	1 555.62	1 555.62	0.00	0.00
短期借款	0.00	3 000 000.00	0.00	3 000 000.00	0.00	6 000 000.00
应付票据	0.00	0.00	0.00	10 335 571.00	0.00	10 335 571.00

总账科目	期初余额		本期发生额		期末余额	
	借　方	贷　方	借　方	贷　方	借　方	贷　方
应付账款	0.00	348 100.00	14 010 484.75	13 867 671.00	0.00	205 286.25
应付职工薪酬	0.00	899 309.66	1 335 298.23	1 017 768.86	0.00	581 780.29
应交税费	0.00	286 130.00	286 130.00	235 585.62	0.00	235 585.62
应付利息	0.00	135 000.00	135 000.00	164 000.00	0.00	164 000.00
其他应付款	0.00	0.00	137 313.60	137 313.60	0.00	0.00
长期借款	0.00	18 000 000.00	0.00	5 000 000.00	0.00	23 000 000.00
实收资本	0.00	120 000 000.00	0.00	840 500.00	0.00	120 840 500.00
资本公积	0.00	3 978 239.16	0.00	0.00	0.00	3 978 239.16
本年利润	0.00	465 622.70	2 675 339.60	2 837 291.96	0.00	627 575.06
生产成本	4 820 000.00	0.00	10 499 836.64	12 936 691.76	2 383 144.88	0.00
制造费用	0.00	0.00	59 467.00	5 9467.00	0.00	0.00
主营业务收入	0.00	0.00	2 174 271.84	2 174 271.84	0.00	0.00
其他业务收入	0.00	0.00	625 520.12	625 520.12	0.00	0.00
营业外收入	0.00	0.00	500.00	500.00	0.00	0.00
主营业务成本	0.00	0.00	1 767 500.00	1 767 500.00	0.00	0.00
其他业务成本	0.00	0.00	320 000.00	320 000.00	0.00	0.00
税金及附加	0.00	0.00	114 893.51	114 893.51	0.00	0.00
销售费用	0.00	0.00	70 192.04	70 192.04	0.00	0.00
管理费用	0.00	0.00	270 778.43	270 778.43	0.00	0.00
财务费用	0.00	0.00	−28 280.00	−28 280.00	0.00	0.00
资产减值损失	0.00	0.00	160 200.00	160 200.00	0.00	0.00
营业外支出	0.00	0.00	55.62	55.62	0.00	0.00
合　计	151 280 821.00	151 280 821.00	88 854 054.91	88 854 054.91	170 580 288.70	170 580 288.70

通过试算平衡表来检查账簿记录是否正确并不是绝对的。从某种意义上讲,如果借贷不平衡,就可以肯定账户的记录或者是计算有错误;但是如果借贷平衡,我们也不能肯定账户记录没有错误,因为有些错误并不影响借贷双方的平衡关系。如果在有关账户中重记或漏记某项经济业务,或者将经济业务的借贷方向记反,我们就不一定能通过试算平衡发现错误。

（四）试算不平衡的原因及查找错误的方法

1.试算不平衡的原因

一般来说,试算不平衡的原因可能有以下几个。

（1）所编试算平衡表中各金额栏加总的错误。这要求加总时认真细心,在确定无误的前提下再查找其他原因。

（2）编制试算平衡表过程中的错误。例如,编表时写错数字,错记金额的借贷方向,漏列某一账户的发生额或余额。

(3)各分类账户的余额计算错误。

(4)过账时的错误。如在根据会计凭证过分类账时,将借贷方向或金额记错,或者将某账项漏掉或重复过账。

2.查找错误的方法

查找错误的方法有很多,现将常用的几种方法介绍如下。

(1)顺查法(亦称正查法)

顺查法是按照账务处理的顺序,依次从记账凭证、原始凭证、账簿、会计报表中查找错误的一种方法。即首先检查记账凭证是否正确,然后将记账凭证、原始凭证同有关账簿记录一笔一笔地进行核对,最后检查有关账户的发生额和余额。这种检查方法可以发现重记、漏记、错记科目及错记金额等。一般在采用其他方法查找不到错误的情况下采用这种方法。

(2)逆查法(亦称反查法)

这种方法的顺序与顺查法相反,是依次从会计报表、账簿、原始凭证中查找错误的一种方法。即先检查各有关账户的余额是否正确,然后将有关账簿按照记录的顺序由后向前同有关记账凭证或原始凭证进行逐笔核对,最后检查有关记账凭证的填制是否正确。根据实际工作的需要,某种原因造成后期产生差错的可能性较大时采用这种方法。

(3)抽查法

抽查法是抽取整个账簿记录中某部分进行局部检查的一种方法。当出现差错时,可根据具体情况分段、重点查找。将某一部分账簿记录同有关的记账凭证或原始凭证进行核对。还可以根据差错发生的位数有针对性地查找。如果差错是角、分,只要查找元以下尾数即可;如果差错是整数的千位、万位,只需查找千位、万位数即可,其他的位数就不用逐项或逐笔地查找了。这种方法的优点是核查的范围小,可以节省时间,减少工作量。

(4)偶合法

偶合法是根据账簿记录中差错出现的规律,推测与差错有关的记录而查找错误的一种方法。这种方法主要适用于漏记、重记、记反账、错记账的查找。

①漏记的查找

总账一方漏记,在试算平衡时,借贷双方发生额不相等,出现差额,在总账与明细账核对时,会发现某一总账的明细账借(或贷)方发生额合计数大于该总账的借(或贷)方发生额,也出现一个差额,这两个差额正好相等,而且在总账与明细账中有与这个差额相等的发生额,这说明总账的借方或贷方漏记,哪一方的数额小,漏记就在哪一方。

明细账一方漏记,在总账与明细账核对时可以发现。总账已经试算平衡,但在与明细账核对时,发现某一总账借(或贷)方发生额大于其各明细账借(或贷)方发生额之和,这说明明细账一方可能漏记,可对与该明细账有关的记账凭证进行查对。

如果整张记账凭证漏记,则没有明显的错误特征,只有通过顺查法或逆查法逐笔查找。

②重记的查找

总账一方重记,在试算平衡时,借贷双方发生额不相等,出现差额,在总账与明细账核对时,会发现某一总账的明细账借(或贷)方发生额合计数小于该总账的借(或贷)方发生额,也出现一个差额,这两个差额正好相等,而且在总账与明细账中有与这个差额相等的发生额,这说明总账的借方或贷方重记,哪一方的数额大,重记就在哪一方。

明细账一方重记,在总账与明细账核对时可以发现。总账已经试算平衡,但在与明细账核对时,某一总账借(或贷)方发生额小于其各明细账借(或贷)方发生额之和,则可能是明细账一方重记,可对与该明细账有关的记账凭证进行查对。

如果整张记账凭证重记,则没有明显的错误特征,只能用顺查法或逆查法逐笔查找。

③记反账的查找

记反账是指在记账时把发生额的方向弄错,将借方发生额记入贷方,或者将贷方发生额记入借方。总账一方记反账,在试算平衡时,发现借贷双方发生额不相等,出现差额。这个差额是偶数,能被2整除,所得的商数则在账簿上有记录。如果借方发生额大于贷方发生额,则说明将贷方错记为借方;反之,则说明将借方错记为贷方。如果明细账记反了,而总账记录正确,则总账发生额试算是平衡的,可用总账与明细账核对的方法查找错误。

④错记账的查找

在实际工作中,错记账是指把数字写错,常见的有以下两种情况。

第一种,数字错位,即应记的位数不是前移就是后移,即小记大或大记小。

如果是大记小,在试算平衡或者总账与明细账核对时,正确数字与错误数字的差额是一个正数,这个差额除以9后所得的商与账上错误的数字正好相等。查账时如果差额除以9所得的商恰是账上的数,则可能记错了位。

如果是小记大,在试算平衡或者总账与明细账核对时,正确数字与错误数字的差额是一个负数,这个差额除以9后所得的商再乘以10,得到的绝对数与账上错误的数字恰好相等。查账时如果差额为负数且除以9再乘以10得到的数账上有,则可能记错了位。

第二种,错记,即在登记账簿过程中误写数字。

对于错记的查找,可根据由于错记而形成的差数分别确定查找方法,查找时不仅要查找发生额,同时也要查找余额。如把43错记为34,或把34错记为43。

如果前大后小颠倒为后大前小,在试算平衡时,正确数字与错误数字的差额是一个正数,这个差额除以9所得商数中的有效数字正好与相邻颠倒两数的差额相等,并且不超过9。可以根据这个特征在差值相同的两个邻数范围内查找。

如果前小后大颠倒为前大后小,在试算平衡或者总账与明细账核算时,正确数字与错误数字的差额是负数,其他特征同上。在上述情况下,查账时,差额除以9所得商数中的有效数字不超过9,可能记账数颠倒,可根据差额查找。

■■■ 思考题

1.你有记录日常开销的习惯吗?试着运用借贷记账法记录你一个月的收支情况。

2.使用至少2种理财App,比较其优缺点,并分析其原理。

■■■ 自测题

二维码 2-7

项目三

会计凭证填制与审核

能力目标

1.能准确识别原始凭证并描述经济业务；

2.根据经济业务内容完整、规范、准确地填制原始凭证；

3.能审核原始凭证；

4.能根据审核后的原始凭证完整、规范、准确地填制记账凭证；

5.能按规定审核记账凭证。

知识目标

1.掌握原始凭证的概念及分类；

2.熟悉原始凭证填制的要求；

3.掌握原始凭证审核的要点；

4.掌握记账凭证的填制。

任务1 原始凭证的识别

一、会计凭证的作用与分类

会计凭证就是记录经济业务、明确经济责任、按一定格式编制的据以登记会计账簿的书面证明。

（一）会计凭证的作用

会计凭证的填制和审核，对于完成会计工作任务，发挥会计在经济管理中的作用，具有十分重要的意义。

1.记录经济业务，提供记账依据

填制会计凭证，可及时、正确地反映经济业务的发生或完成情况，为登记账簿提供可靠依据,保证会计信息的及时性、真实性和可靠性。

2.明确经济责任,强化内部控制

会计凭证要及时、准确记录经济业务的内容,必须由相关部门和人员签字、盖章,这样既可保证经济业务的真实性、完整性和合法性等,又便于划清职责,加强相关人员的责任感,强化内部控制。

3.监督经济活动,控制经济运行

审核会计凭证可以发挥会计的监督作用。检查经济业务是否符合国家有关法律、制度的规定,是否符合企业计划、预算等,及时发现经济管理中存在的问题和管理制度中存在的漏洞,从而及时加以制止和纠正,实现对经济活动的事中控制,保证经济活动健康运行。

(二)会计凭证的分类

因单位发生的业务具有多样性,所以不同的会计凭证在格式、内容及填制要求等方面有不同的特征。按填制程序和用途不同,会计凭证可分为原始凭证和记账凭证。

二、原始凭证

二维码 3-1

原始凭证又称单据,是在经济业务发生或完成时取得或填制的,用来记录或证明经济业务的发生或完成情况的最初书面证明文件,是会计核算的重要依据。

(一)原始凭证的分类

按来源不同,原始凭证可分为外来原始凭证和自制原始凭证,具体内容见表 3-1。

表 3-1 原始凭证的分类(一)

类 别	释 义
外来原始凭证	外来原始凭证是指在经济业务发生或完成时,从其他单位或个人处直接取得的原始凭证。由供货单位开具的增值税专用发票、对外支付款项时取得的收据及行政事业性收费票据等都是外来原始凭证。此外,外来原始凭证还包括一些定额发票,如火车票、轮船票
自制原始凭证	自制原始凭证是指由本单位内部经办业务的部门和人员,在执行或完成某项经济业务时填制的、仅供本单位内部使用的原始凭证,如收料单、领料单、入库单、限额领料单、产成品出库单、借款单、工资发放明细表、折旧计算表等。凡是不能用来证明经济业务实际发生或完成的文件和单据,如购货合同、材料请购单,都不能作为原始凭证

按填制的手续不同,原始凭证可分为一次原始凭证、累计原始凭证和汇总原始凭证,具体内容见表 3-2。

表 3-2 原始凭证的分类(二)

类 别	释 义
一次原始凭证	一次原始凭证是指一次填制完成,只记录一笔经济业务的原始凭证。一次原始凭证是一次有效的凭证,是在经济业务发生或者完成时,由经办人员填制的,一般只反映一项经济业务,或者同时反映若干项同性质的经济业务

续　表

类　别	释　义
累计原始凭证	累计原始凭证是指一定时期内连续记录若干项经济业务的自制原始凭证,如限额领料单
汇总原始凭证	汇总原始凭证是指根据一定时期内反映相同经济业务的多张原始凭证汇总编制而成的自制原始凭证,如收料凭证汇总表、工资结算汇总表、差旅费报销单、发料凭证汇总表等

按格式不同,原始凭证可分为通用凭证和专用凭证,具体内容见表 3-3。

表 3-3　原始凭证的分类(三)

类　别	释　义
通用凭证	通用凭证是指由有关部门统一印制,在一定范围内使用的具有统一格式和使用方法的原始凭证,如增值税专用发票、支票、银行承兑汇票等
专用凭证	专用凭证是指由单位自行印制,仅在本单位内部使用的原始凭证。这种凭证一般在凭证名称之前写上企业单位名称,如某单位的收料单、差旅费报销单、折旧计算表等

(二)原始凭证的基本内容

企业经济业务纷繁复杂,管理要求也因企业而异,原始凭证所记载的内容和书写格式也各不相同。原始凭证的基本内容通常又称为凭证要素,一般包括以下几项:

(1)原始凭证的名称。

(2)填制原始凭证的日期和编号。

(3)接受原始凭证的单位名称。

(4)填制原始凭证的单位名称或者填制人姓名。

(5)经济业务的内容(含数量、单价和金额等)。

(6)填制原始凭证的单位及有关人员(部门负责人、经办人)的签章。从外单位取得的原始凭证,应使用统一发票,发票上应有税务专用章并加盖填制单位的发票专用章;特殊外来原始凭证如火车票、汽车票等除外。从个人取得的原始凭证必须有填制人员的签名或盖章。

任务2　原始凭证的填制与审核

一、填制原始凭证的基本要求

(1)原始凭证所反映的经济业务必须合法、真实,原始凭证上填列的内容、数字必须真实、可靠,符合经济业务的实际情况。

(2)原始凭证的内容必须逐项填写齐全,手续完备。

(3)原始凭证的书写要用蓝色或黑色墨水笔,填写支票必须用碳素墨水笔。

二维码 3-2

文字简要,字迹工整、清楚、易于辨认。一式几联的凭证,应当注明各联的用途,套写时,一定要写透。

(4)凡填有大写和小写金额的原始凭证,大写、小写金额必须相符,且金额书写必须符合规范。

(5)原始凭证不能随意涂改、刮擦、挖补。原始凭证有错误的,应当由出具单位重开或更正,更正处应加盖出具单位印章。原始凭证金额有错误的,应当由出具单位重开,不得在原始凭证上更正。

(6)原始凭证必须连续编号,以备查核。如果已预先印定编号的,在写坏作废时,应加盖"作废",并妥善保管,不得撕毁。

(7)原始凭证的填制应当及时,并按规定的程序及时送交财会部门,由财会部门加以审核,并据以填制记账凭证。

二、填制原始凭证的技术要求

填制原始凭证除符合上述基本要求外,还要符合一些技术上的要求,如下所述。

(一)阿拉伯数字的书写要求

阿拉伯数字应当准确、清晰地书写,不得连笔书写。10 个阿拉伯数字要有明显区别,不得相互混淆,易于混淆的数字如 1 与 7、3 与 5、5 与 8、0 与 6 等,更要特别注意。所有以"元"为单位的阿拉伯数字,除表示单价等情况外,一律在元位小数点后填写到角、分,无角、分的,角、分位可写"0"或符号"—",有角无分的,分位应写"0",不得用符号"—"代替,如"￥3 000.00""￥3 000.—""￥3 000.50"。

(二)货币符号的书写要求

阿拉伯金额数字前面应当书写货币币种符号或者货币名称简写。币种符号与阿拉伯金额数字之间不得留空白。凡阿拉伯数字前写有币种符号的,数字后面不再写货币单位。

(三)汉字大写数字的书写要求

(1)汉字大写数字金额,如零、壹、贰、叁、肆、伍、陆、柒、捌、玖、拾、佰、仟、万、亿等,一律用正楷或者行书体书写,不得用〇、一、二、三、四、五、六、七、八、九、十等简化字代替,不得任意自造简化字。

(2)汉字大写金额数字到元或角为止的、在"元"或"角"之后应写"整"或"正"字;汉字大写金额数字有分的,"分"字后面不写"整"字。

(3)汉字大写金额数字前未印货币名称的,应当加填货币名称(如"人民币"三字),货币名称与金额数字之间不得留空白。

(4)阿拉伯金额数字中间有"0"时,汉字大写金额要写"零"字,阿拉伯金额数字中间连续有几个"0"时,汉字大写金额中可以只写一个"零"字;阿拉伯金额数字元位为"0",或数字中间连续有几个"0",元位也是"0",但角位不是"0"时,汉字大写金额可只写一个"零"字,也可不写"零"字。

大小写金额书写范例如表 3-4 所示。

表 3-4　大小写金额书写范例

小　写	大　写
￥500.00	人民币伍佰元整
￥5 640.20	人民币伍仟陆佰肆拾元零贰角整 （或人民币伍仟陆佰肆拾元贰角整）
￥34 005.00	人民币叁万肆仟零伍元整
￥100 500.55	人民币壹拾万零伍佰元伍角伍分
￥27.06	人民币贰拾柒元零陆分
￥42 680.00	人民币肆万贰仟陆佰捌拾元整
￥4 509.77	人民币肆仟伍佰零玖元柒角柒分
￥361.90	人民币叁佰陆拾壹元玖角整
￥101.50	人民币壹佰零壹元伍角整
￥1 004.56	人民币壹仟零肆元伍角陆分
￥1 600.32	人民币壹仟陆佰元叁角贰分 （或人民币壹仟陆佰元零叁角贰分）

三、原始凭证的填制

（一）发票类原始凭证的填制

目前使用的发票按是否通过税控设备开具并纳入防伪税控系统分类主要有两大类。

1. 需通过税控设备开具的发票

（1）增值税专用发票：一般纳税人和纳入小规模纳税人自行开具增值税专用发票试点范围的纳税人可领用，其他小规模纳税人不可领用，只能申请税务机关代开。增值税专用发票如图 3-1 所示。

图 3-1　增值税专用发票（一）

(2)增值税普通发票:一般纳税人和小规模纳税人均可领用,票面税款一般不可作为进项抵扣或扣除。增值税普通发票如图3-2、图3-3、图3-4所示。

图 3-2 增值税普通发票(一)

图 3-3 增值税普通发票(二)

图 3-4　增值税普通发票（三）

（3）机动车销售统一发票：凡从事机动车零售业务的单位和个人，在销售机动车（不包括销售旧机动车）收取款项时，必须开具税务机关统一印制的新版机动车销售统一发票，作为车辆上牌凭证，税款可作为进项抵扣。机动车销售统一发票如图 3-5 所示。

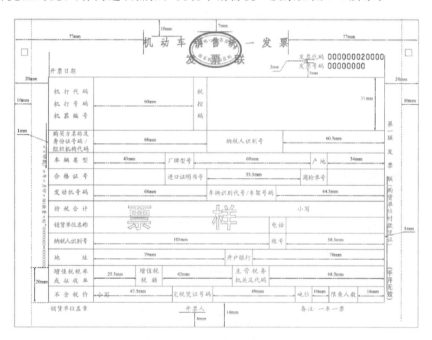

图 3-5　机动车销售统一发票

（4）二手车销售统一发票：从事二手车销售的企业领用，二手车经销企业、经纪机构和拍卖企业在销售、中介和拍卖二手车收取款项时，必须开具二手车销售统一发票（见图 3-6）。

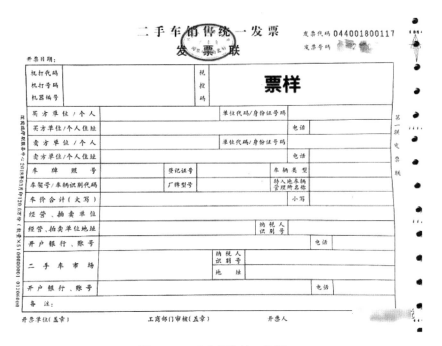

图 3-6　二手车销售统一发票

2.不需通过税控设备开具的发票

(1)通用机打发票:联次和规格多样,一般为未达起征点纳税人和某些特殊行业的企业领用。通用机打发票如图 3-7 所示。

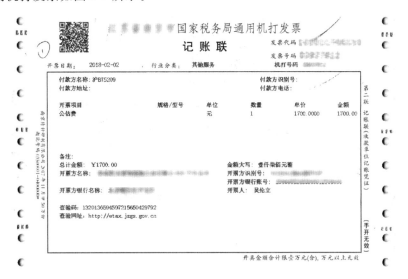

图 3-7　通用机打发票

(2)通用定额发票:单张发票金额固定,无须打印即可开具,通常为个体定额户和某些特殊行业的企业领用。通用定额发票如图 3-8 所示。

图 3-8　通用定额发票

(3)其他特殊发票:电子客票形成单、中国铁路总公司及其所属运输企业(含分支机构)自行印制的铁路票据(见图 3-9)。

图 3-9　铁路票据

(二)银行结算单据的填写

1.支票的填写

在实际工作中支票也是一种常用的原始凭证,企业可以根据业务需要签发现金支票或转账支票,或收到外单位开来的支票。

现金支票是开户单位用于向开户银行提取现金的凭证。现金支票只能用于支取现金,它可以由存款人签发用于到银行为本单位提取现金,也可以签发给其他单位和个人用来办理结算或者委托银行代为支付现金给收款人。

现金支票正面如图 3-10 所示。

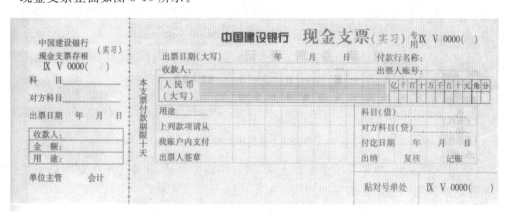

图 3-10　现金支票正面

现金支票背面如图 3-11 所示。

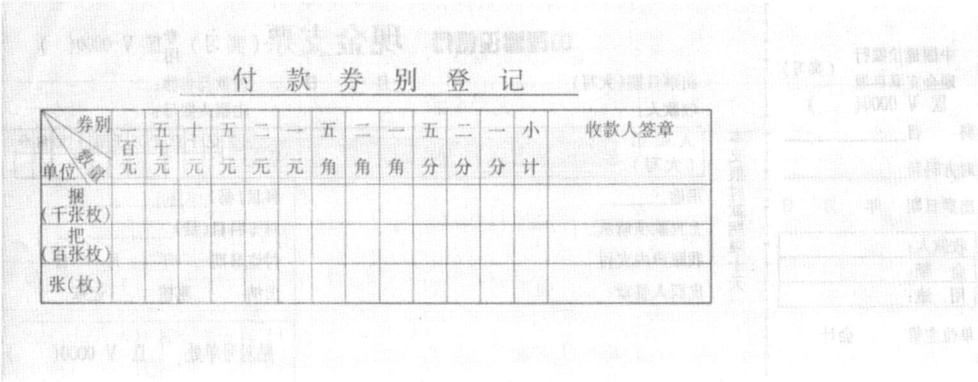

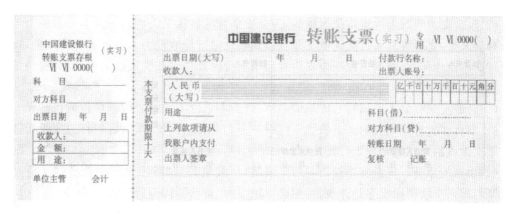

图 3-11 现金支票背面

转账支票是用于同城单位之间商品交易、劳务供应或其他款项往来的结算凭证。转账支票只能用于转账,而不能用于提取现金。它适用于存款人给同一城市范围内的收款单位划转款项,以办理商品交易、劳务供应、清偿债务和其他往来款项结算。

转账支票正面如图 3-12 所示。

图 3-12 转账支票正面

转账支票背面如图 3-13 所示。

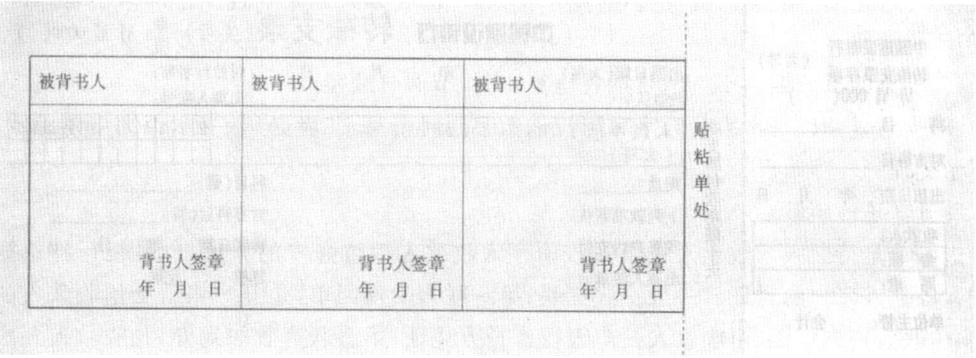

图 3-13 转账支票背面

（1）出票日期的填写。根据银行规定，支票正联的出票日期（支票存根外）必须大写，大写数字写法依次为：零、壹、贰、叁、肆、伍、陆、柒、捌、玖、拾，具体如表3-5所示。

表3-5 支票票面日期大写要求及范例

日 期		大写要求	范 例
年		怎么读就怎么写	2012年（贰零壹贰年）
月	1—9月	大写月前加写"零"	1月（零壹月） 2月（零贰月）
	10月	大写月前加写"零壹"	10月（零壹拾月）
	11月、12月	大写月前加写"壹"	11月（壹拾壹月） 12月（壹拾贰月）
日	1—9日及20日、30日	大写日前加写"零"	1日（零壹日） 20日（零贰拾日）
	10日	大写日前加写"零壹"	10日（零壹拾日）
	11—19日	大写日前加写"壹"	11日（壹拾壹日）
	21—29日及31日	按实际读法写	21日（贰拾壹日）

（2）现金支票收款人为本单位名称的，现金支票背面被背书人栏内加盖本单位的财务专用章和法人章，之后收款人可凭现金支票直接到开户银行提取现金。收款人为个人的，现金支票背面不盖任何章，收款人在现金支票背面填上身份证号码和发证机关名称，凭身份证和现金支票签字领款。

（3）转账支票收款人应填写对方单位名称，背面本单位不盖章。收款单位取得转账支票后，在支票背面被背书人栏内加盖收款单位财务专用章和法人章，填写好银行进账单后连同该支票交给收款单位的开户银行委托银行收款。

（4）用途的填写。现金支票使用有一定限制，一般填写为"备用金""差旅费""工资""劳务费"等；转账支票使用没有具体规定，用途可填写为"货款""代理费"等。

（5）盖章。支票正面盖财务专用章和法人章，缺一不可，印泥为红色，印章必须清晰，若印章模糊只能将该张支票作废，换一张重新填写并重新盖章。企业财务部门使用的印章如图3-14所示。

（6）支票正面不能有涂改痕迹，否则该支票作废；受票人如果发现支票填写不全，可以补记，但不能涂改。

（7）支票的有效期为10天，日期首尾算1天，节假日顺延。

（8）支票金额以汉字大写数字和阿拉伯数字同时书写，二者必须一致，否则支票无效，银行不予受理。

2.进账单的填写

进账单是持票人或收款人将票据款项存入收款人银行账户的凭证，也是银行将票据款项记入收款人账户的凭证。一般一式三联：第一联为受理回单，是开户银行交给收款人的回单；第二联为贷方凭证，由收款人开户银行作贷方凭证；第三联为收账通知，是收款人开户银行交给收款人的收账通知。

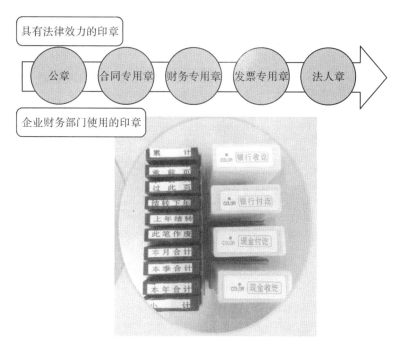

图 3-14 企业财务部门使用的印章

持票人、出票人在同一银行开户的,银行在进账单第一联加盖业务公章;在第三联加盖转讫章作收账通知,一并交给持票人作为记账依据;在第二联加盖转讫章作贷方凭证,办理转账。

持票人、出票人不在同一银行开户的,持票人开户银行应在进账单上按票据交换场次加盖"收妥后入账"的戳记,将第一联加盖业务公章退持票人作银行受理回单,将支票按同城票据交换有关规定及时提出交换,俟退票时间过后,将进账单第二联作贷方凭证,同时将进账单第三联加盖转讫章退持票人。

在进账单中,收款人或付款人全称为企业在银行开户的名称;账号为开户银行账号;开户银行为开户银行全称;大写金额应紧接"人民币"书写,不得留有空白;阿拉伯数字金额要与大写金额相对应;票据种类一般为转账支票、银行本票和银行汇票等;票据张数为送存银行的票据张数;票据号码为送存银行的票据号码。

3.银行汇票的填写

凡是各单位、个体经济户和个人需要在异地进行商品交易、劳务供应和其他经济活动及债权债务的结算的,都可以使用银行汇票。银行汇票既可以用于转账结算,也可以支取现金。银行汇票一式四联,第一联为卡片,由签发行结清汇票时作汇出汇款付出传票;第二联为银行汇票,与第三联解讫通知一并由汇款人自带,在兑付行兑付汇票后此联作联行往来账付出传票;第三联是解讫通知,在兑付行兑付后随报单寄签发行,由签发行作余款收入传票;第四联是多余款通知,签发行结清后交汇款人。

【例 3-1】2011 年 3 月 25 日,北京明发商贸有限公司到银行办理银行汇票申请业务,则先填写银行汇票申请书,具体说明领用银行汇票的部门、经办人、汇款用途、收款单位名称、开户银行、账号等,由请领人签章,并经单位领导审批同意后,由财务部门具体办理银行汇票申请业务手续。银行汇票申请书填写示例如图 3-15 所示。

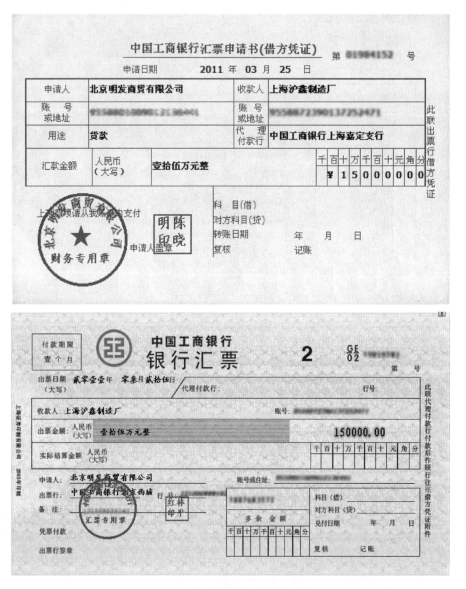

图 3-15　银行汇票申请书填写示例

【例 3-2】2011 年 2 月 20 日,北京明发商贸有限公司的业务经办人员根据 2 月 1 日签发的银行汇票支付采购商品款 18 000.00 元,填写银行汇票结算金额如图 3-16 所示。

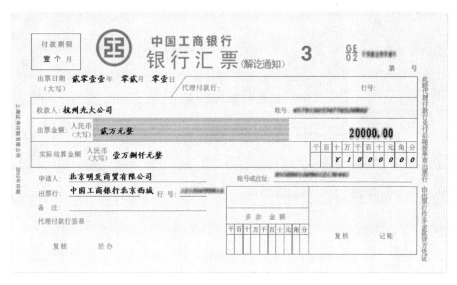

图 3-16 银行汇票结算金额填写示例

(三)存货等单据的填制

1. 材料入库单的填制

材料入库单是在外购的材料物资验收入库时填制的凭证,一般一式三联,一联验收人员留底,一联交仓库保管人员据以登记明细账,一联连同发票交财会部门办理结算。

【例 3-3】企业管理部门办公桌椅报废,收回残料入库,填写入库单,如表 3-6 所示。

表 3-6 材料入库单

材料科目:原材料　　　　　　　　　　2012 年 8 月 14 日

材料类别:辅助材料

交料部门:管理部门　　　　　　　　　　　　　　　　　　　　　　　　编号:6701

交料原因:报废　　　　　　　　　　　　　　　　　　　　　　　　收料仓库:2

材料编号	材料名称及规格	计量单位	数量/套		单位成本/元	金额/元
			交 库	实 收		
0812	辅助材料	套	8	8	30	240
备 注	管理部门办公桌椅报废,收回残料入库(其价值已摊销完毕)					

仓管员:×××　　　　　　　　　　　　　　　　　　　　　　　交料人:×××

2. 领料单的填制

领料单是在领用材料时填制的凭证,一般是一料一单,一种用途填写一张。领料单分为一次填制的领料单和多次填制的限额领料单两种。

(1)一次填制的领料单

该领料单由领料经办人填写,经该单位主管领导批准后到仓库领料。仓库保管人员审核其用途后发料,并在领料单上签章。领料单一式三联,一联留领料部门备查,一联交仓库,

据以登记材料卡片和材料明细账,一联转送财务部门或月末经汇总后转送财务部门登记总
分类账。

【例 3-4】生产车间领用原材料生产产品,领料单的填制如表 3-7 所示。

表 3-7 领料单

第二联:财务记账联

2010 年 1 月 4 日

编号:123002

领料单位:机械加工车间   发料库:3 号座

| 材料编号 | 材料名称 | 计量单位 | 数量/千克 | | 计划单价/元 | 金额/元 | 用 途 |
			请 领	实 发			
3-02	机油	千克	250	260	10	2 600.00	机物料
3-01	油漆	千克	150	150	8	1 200.00	机物料
合 计						3 800.00	

发料人:屈占有   经办人:沈红   质检人:恒生

(2)限额领料单的填制

限额领料单是由生产计划部门根据下达的生产任务和材料消耗定额按各种材料分别开
出的,一式两联,一联交仓库据以发料,一联交领料部门据以领料。

3. 出库单的填制

出库单分销售出库单、材料出库单、其他出库单等。销售出库单是对外发生销售业务,
将货物发送给客户方时所填制的出库单据;材料出库单是生产领用材料时所填制的出库单
据;其他出库单通常是处理销售和生产领料以外的其他事项时所填制的出库单据,如行政部
门领用非生产、非销售用材料等。出库单由供应部门负责输入和管理,财务部门只是稽核和
利用它进行出库核算。

【例 3-5】销售产品一批,根据实际出库数量,填制出库单如表 3-8 所示。

表 3-8 产品出库单

2012 年 12 月 18 日

第___号

单位:元

| 编 号 | 名 称 | 规 格 | 计量单位 | 数 量 | | 单 价 | 金 额 | 备 注 | 二记账表 |
				计 划	实 发				
002	爽肤水	100 毫升	箱	5	5	5 000.00	25 000.00		
合 计									

记账:×××   发货:×××   制单:×××

(四)其他原始凭证的填制

1. 借款单的填制

员工因公出差或由于其他原因向企业借款时,须填制借款单。借款单可以作为员工的

借据、企业与员工之间结算的依据及企业记账的依据。借款人应按照规定填制借款单,由所在单位领导或指定的人员审核,并签名或盖章,然后办理借款。具体流程如下:

(1)借款单中借款日期、借款单位、借款理由、借款金额由借款人填好后,在借款人处签字;

(2)由本单位(或有关部门)负责人审批,同意后签字;

(3)借款单交财务主管核批并签字,准予借款;

(4)出纳员支付现金或开出现金支票,借款人去银行提取现金,并将借款回执退回借款人。

【例3-6】企业销售部门张言外出参加会议,预借款 4 000 元。按照流程填制借款单,如图 3-17 所示。

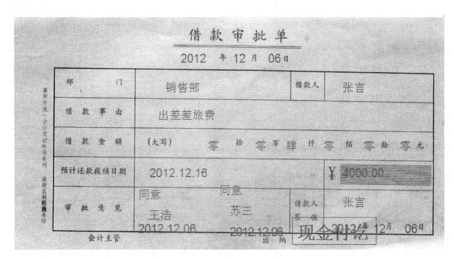

图 3-17 借款单

2.差旅费报销单的填制

差旅费报销单是单位员工将因公出差途中所支付的各种费用汇总后填制的报销凭证。员工因公出差返回后必须填制差旅费报销单,然后交给财会部门作为差旅费记账凭证,并据此作为补(退)现金的依据。差旅费报销单后面应粘贴车票、住宿费发票等外来原始凭证。

差旅费报销单中出差事由、起止时间及地点、车船费、住宿费、出差补助、出差人数、预借金额、报销金额、应退(应补)金额等栏目由出差人归类填写,其中车船费、住宿费等凭证附在报销单后面并据实填写,出差补助等按照本单位的差旅费有关规定的标准计算填写。填写完毕,交由财务主管审核无误后,再交由企业负责人批准签字,最后交由出纳作为费用支出的凭证,出纳根据实际结算金额多退少补。

【例3-7】假设企业差旅费报销规定如下:本企业员工出差离开本省的,途中伙食补助标准为每人每天 60 元;出差乘车、船的交通费实报实销。现有采购部周文虎报销差旅费,原预借款 2 000 元,根据规定,填制差旅费报销单如表 3-9 所示。

表 3-9　差旅费报销单

2012 年 6 月 14 日　　　　　　　　　　　　　　　　单据张数:6 张

姓名:周文虎　　部门:采购部　　出差事由:采购材料　　　　　　单位:元

起止日期				起止地点	火车费	市内车费	住宿费	途中伙食补助			住宿费		其 他	合 计
月	日	月	日					标准	天数	金额	天数	金额		
6	9	6	10	北京—武汉	259.00	98.00	600.00	60.00	4.00	240.00	4.00	280.00		1 477.00
6	13	6	14	武汉—北京	218.00									218.00
			合　计		477.00	98.00	600.00	60.00	4.00	240.00	4.00	280.00		1 695.00

人民币(大写)　壹仟陆佰玖拾伍元整　　　　应退(补):305.00

审核:万丰　　部门主管:张浩明　　财务主管:孙立　　　　经手人:周文虎

3.收款收据的填制

企业因相关业务向单位和个人收取款项时,需要由企业的出纳人员开具收款收据。收款收据一式三联:第一联为存根联;第二联为收据联,交给付款人作为付款的凭证;第三联为记账联,交给财会部门据以记账。收款单位根据付款人交来的款项资料填写,应写明缴款单位、款项内容、收款方式(如现金、转账支票、承兑汇票等)、金额大小写、收款人,并在收据联加盖收款单位印章。

四、原始凭证的审核

(一)审核的内容

1.合法性

审核原始凭证所反映的经济业务是否符合国家有关法规和制度等,有无违法违规行为。对于违规的原始凭证,会计人员应拒绝受理。在审核中如发现弄虚作假、营私舞弊、伪造或涂改原始凭证等违法乱纪行为,应立即扣留凭证,及时向单位负责人汇报,以便严肃查处。

二维码 3-3

2.真实性

所谓真实,是指原始凭证确实是本单位经济业务的最初原始证明。要注意审核原始凭证的日期是否真实、业务内容是否真实、数据是否真实。同时,对于外来原始凭证要注意审核凭证是否有填制单位公章和填制人员签字;对于自制的原始凭证要注意审核凭证是否有经办部门和经办人员的签名或盖章;对于通用原始凭证应审核凭证本身是否真实。对于不真实的原始凭证会计人员不予接受,并及时向单位负责人报告。

3.完整性

审核原始凭证中的所有项目是否填列齐全,手续是否齐备,有关经办人员是否都已签名或盖章,主管人员是否审核、批准。在审核中如发现有原始凭证项目填列不全、手续不齐备、签名盖章有遗漏或不清晰、主管人员未批准等情况,会计人员应将该原始凭证退还经办人员,待其补完整后再予受理。

4.正确性

审核原始凭证的摘要和数字及其他项目填写是否正确,数量、单价、金额、合计数的填写是否正确,大小写金额是否相符。

审核原始凭证是一项严肃的工作,它不但涉及能否正确处理国家、企业和个人之间的经济关系,有时还涉及个人经济利益问题,而且财会工作的许多矛盾也会在审核原始凭证中暴露出来,会计人员应该特别注意做好此项工作。

(二)审核结果的处理

(1)对于内容合法、合理、完整、正确的原始凭证,按规定应及时办理会计手续,据以填制记账凭证,并作为附件粘于记账凭证后面,以备查核。

(2)对于真实、合法、合理但内容不够完整、填写有错误的原始凭证,按规定应及时退给业务经办单位或人员,由其负责将有关凭证内容补充完整、更正错误或重开,再办理正式会计手续。

原始凭证的内容有错误的,应当由开具单位重开或更正;原始凭证金额出现错误的,不得更正,只能由原始凭证出具单位重新开具。

原始凭证记载的各项内容均不得涂改,凡涂改过的原始凭证均被视为无效凭证,不能作为填制记账凭证或登记会计账簿的依据。

(3)对于不真实、不合法、不合理的原始凭证,按规定会计机构和会计人员有权不予接受,并向单位负责人报告。

(4)原始凭证开具单位应当依法开具准确无误的原始凭证,对于有误的原始凭证,负有更正或重新开具的法律义务,不得拒绝。

任务 3　记账凭证的填制与审核

在实务中,会计分录是在记账凭证上登记的。对于记账凭证的填制,初学者需要从三个方面入手,一是掌握不同业务主要会计账户的性质及内容,二是通过原始凭证准确理解和描述经济业务,三是根据经济业务的性质,熟练运用相应会计账户填制记账凭证。

二维码 3-4

一、记账凭证概述

记账凭证的知识要点如表 3-10 所示。

表 3-10   记账凭证的知识要点

知识要点	具体内容
概　念	记账凭证是明确经济业务应记账户、应记账户方向及金额的载体。会计部门对每一笔经济业务的原始凭证进行审核,确定经济业务的内容,运用借贷记账法的原理,编制记账凭证
记账凭证的种类	1.专用记账凭证 (1)收款凭证:用于记录现金和银行存款收款业务的会计凭证。根据现金收入业务、银行存款收入业务的原始凭证编制。 (2)付款凭证:用于记录现金和银行存款付款业务的会计凭证。根据现金支付业务、银行存款支付业务的原始凭证编制。 (3)转账凭证:用于记录不涉及现金和银行存款业务的会计凭证
	2.通用记账凭证:用以记录各种经济业务的凭证,不再根据经济业务的内容分别填制收款凭证、付款凭证和转账凭证
记账凭证的基本内容	包括名称、编号、填制日期、经济业务的内容摘要、会计科目(包括明细科目)的名称、记账方向、金额、所附原始凭证的张数以及制证、审核、记账、会计主管等人员的签章;收款凭证和付款凭证还应由出纳人员签名或盖章

记账凭证如表 3-11 至表 3-14 所示。

表 3-11   收款凭证

借方科目_____　　　　　　年　月　日　　　　　　　　总　　号
开户银行账号_____　　　　　　　　　　　　　　　　第　　号

摘　要	贷方科目		金　额											记账
	总账科目	明细科目	亿	千	百	十	万	千	百	十	元	角	分	
附单据　张	合　计													

核准:　　　　　复核:　　　　　记账:　　　　　出纳:　　　　　制单:

表 3-12 付款凭证

贷方科目_____ 　　　　　年　月　日　　　　　　　总　号
开户银行账号_____ 　　　　　　　　　　　　　　　　第　号

摘　要	借方科目		金　额											记账
	总账科目	明细科目	亿	千	百	十	万	千	百	十	元	角	分	
附单据　张	合　计													

核准：　　　　复核：　　　　记账：　　　　出纳：　　　　制单：

表 3-13 转账凭证

年　月　日　　　　　　　　总　号
　　　　　　　　　　　　　第　号

摘　要	总账科目	明细科目	借方金额											贷方金额											记账
			亿	千	百	十	万	千	百	十	元	角	分	亿	千	百	十	万	千	百	十	元	角	分	
附单据　张	合　计																								

核准：　　　　复核：　　　　记账：　　　　出纳：　　　　制单：

表 3-14 记账凭证

年　月　日

总　号
第　号

摘　要	总账科目	明细科目	借方金额											贷方金额											记　账
---	---	---	亿	千	百	十	万	千	百	十	元	角	分	亿	千	百	十	万	千	百	十	元	角	分	---
附单据　张		合　计																							

核准：　　　　　复核：　　　　　记账：　　　　　出纳：　　　　　制单：

二、填制记账凭证

填制记账凭证的知识要点如表 3-15 所示。

表 3-15 填制记账凭证的知识要点

知识要点	具体内容
基本要求	1.填制日期：即填制记账凭证的日期。收、付款凭证按货币资金收付的日期填写；转账凭证按收到原始凭证的日期填写，如果一份转账凭证依据不同日期的某类原始凭证填制，则可按填制凭证的日期填写
	2.编号：记账凭证在一个月内应当连续编号，以便查核。在使用通用记账凭证时，可按经济业务发生的顺序编号，如第 56 笔业务，可编号为"记字 56 号"。采用收款凭证、付款凭证和转账凭证的，可采用"字号编号法"，即按凭证类别顺序编号，如"付字 01 号"。一笔经济业务，需要编制多张记账凭证时可采用"分数编号法"，比如第 5 笔经济业务涉及多个会计科目，需要填制三张记账凭证，可以分别将其编号为 $5\frac{1}{3}$、$5\frac{2}{3}$、$5\frac{3}{3}$
	3.摘要：摘要栏是对经济业务的简要说明，又是登记账簿的重要依据，必须针对不同性质经济业务的特点，考虑登记账簿的需要，正确地填写，不可漏填或错填
	4.会计科目及金额：必须按照会计制度统一规定的会计科目，编制会计分录。设置明细会计科目的，必须具体到明细科目。凭证应按行次逐项填写，不得跳行。填写完记账凭证上的经济业务后，应当在金额栏最后一笔的金额数字下至合计数之间的空白栏处划斜线或 S 形线注销。记账凭证的内容登记入账簿后，为避免重复登账，应在记账凭证的"过账"栏内注明账户页码或做"√"标记。为了保持凭证表面的整洁、清晰，除金额合计栏须标明币种符号外，其他位置不应填写币种符号
	5.附件：记账凭证上应注明所附的原始凭证张数，以便查核。如果根据同一原始凭证填制数张记账凭证，则应在未附原始凭证的记账凭证上注明"附件××张，见第××号记账凭证"。如果原始凭证需要另行保管，则应在附件栏目内加以注明。更正错账和结账的记账凭证可以不附原始凭证。填制记账凭证，可以根据每一份原始凭证单独填制，也可以根据同类经济业务的多份原始凭证汇总填制，还可以根据汇总的原始凭证填制

知识要点	具体内容
基本要求	6.记账凭证填写完毕,应进行复核与检查,并按所使用的记账方法进行试算平衡。有关人员均要签名或盖章。出纳人员根据收款凭证收款或根据付款凭证付款时,要在原始凭证上加盖"收讫"或"付讫"的戳记,以免重收重付,防止差错
专用记账凭证的填制	收款凭证的填制:收款凭证是用来记录货币资金收款业务的凭证,根据货币资金收入业务的原始凭证填制而成。在收款凭证左上方填列的借方科目,应是"库存现金"或"银行存款"科目。凭证内所反映的贷方科目,应是与"库存现金"或"银行存款"相对应的科目。在金额栏填列经济业务实际发生的数额,在凭证的右侧填写所附原始凭证的张数,并在出纳及制单处签名或盖章
	付款凭证的填制:付款凭证是用来记录货币资金付款业务的凭证。在借贷记账法下,在付款凭证左上方填列的贷方科目,应是"库存现金"或"银行存款"科目。凭证内所反映的借方科目,应是与"库存现金"或"银行存款"相对应的科目。在金额栏填列经济业务实际发生的数额,在凭证的右侧填写所附原始凭证的张数,并在出纳及制单处签名或盖章。 注:涉及库存现金和银行存款之间的划转业务,按规定只填制付款凭证,以免重复记账。如现金存入银行只填制一张"库存现金"付款凭证,从银行提取现金只填制一张"银行存款"付款凭证
	转账凭证的填制:转账凭证是用以记录与货币资金收付无关的转账业务的凭证,它是由会计人员根据审核无误的转账业务原始凭证填制的。在借贷记账法下,将经济业务所涉及的会计科目全部填列在凭证内,借方科目在先,贷方科目在后,将各会计科目所记应借应贷的金额填列在"借方金额"或"贷方金额"栏内。借、贷方金额合计数应相等。制单人应在填制凭证后签名或盖章,并在凭证的右侧填写所附原始凭证的张数
通用记账凭证的填制	在借贷记账法下,将经济业务所涉及的会计科目全部填列在凭证内,借方在先,贷方在后。将各会计科目所记应借应贷的金额填列在"借方金额"或"贷方金额"栏内。借、贷方金额合计数应相等。制单人应在填制凭证后签名或盖章,并在凭证的右侧填写所附原始凭证的张数

【例 3-8】将例 2-3 中的会计分录内容反映到专用记账凭证中,如表 3-16 至表 3-19 所示。

表 3-16 付款凭证

贷方科目 银行存款　　　　　2012 年 6 月 7 日　　　　　总 002 号

开户银行账号 （略）　　　　　　　　　　　　　　　第 001 号

摘 要	借方科目		金 额										记账
	总账科目	明细科目	亿	千	百	十	万	千	百	十	元	角	分	
提取现金备用	库存现金							3	0	0	0	0	0	
附单据 1 张	合 计						¥	3	0	0	0	0	0	

核准:×××　　　复核:×××　　　记账:×××　　　出纳:×××　　　制单:×××

表 3-17　收款凭证

借方科目　银行存款　　　　　　　　　2012 年 6 月 13 日　　　　　　　　　总 001 号
开户银行账号　（略）　　　　　　　　　　　　　　　　　　　　　　　　　　第 001 号

摘　要	贷方科目		金　额											记　账
	总账科目	明细科目	亿	千	百	十	万	千	百	十	元	角	分	
向银行借入短期借款	短期借款				1	0	0	0	0	0	0	0		
附单据 1 张	合　计			¥	1	0	0	0	0	0	0	0		

核准：×××　　　　　复核：×××　　　　　记账：×××　　　　　出纳：×××　　　　　制单：×××

表 3-18　转账凭证

2012 年 6 月 15 日　　　　　　　　　总 003 号
　　　　　　　　　　　　　　　　　　第 001 号

摘　要	总账科目	明细科目	借方金额										贷方金额										记　账
			亿	千	百	十	万	千	百	十	元	角	分	亿	千	百	十	万	千	百	十	元	角	分	
赊购生产设备已投入使用	固定资产	某设备				6	0	0	0	0	0	0													
	应付账款																6	0	0	0	0	0	0		
附单据 2 张	合　计				¥	6	0	0	0	0	0	0			¥	6	0	0	0	0	0	0		

核准：×××　　　　　复核：×××　　　　　记账：×××　　　　　出纳：×××　　　　　制单：×××

表 3-19　付款凭证

贷方科目　银行存款　　　　　　2012 年 6 月 22 日　　　　　　　　　　　　　　总 004 号
开户银行账号　（略）　　　　　　　　　　　　　　　　　　　　　　　　　　　　第 002 号

摘　要	借方科目		金　额										记　账
	总账科目	明细科目	亿	千	百	十	万	千	百	十	元	角	分	
偿还外购生产设备款	应付账款						6	0	0	0	0	0	0	
附单据 1 张	合　计						￥	6	0	0	0	0	0	0	

核准：×××　　　　复核：×××　　　　记账：×××　　　　出纳：×××　　　　制单：×××

三、审核记账凭证

记账凭证填制完毕，应该由专人审核，制单人和审核人不能为同一人。审核的基本内容如下。

(1)记账凭证是否附有原始凭证，原始凭证是否齐全、内容是否合法，记账凭证所记录的经济业务与所附原始凭证所反映的经济业务是否相符。

(2)记账凭证的应借、应贷科目是否正确，账户对应关系是否清晰，所使用的会计科目及其核算内容是否符合会计制度的规定，金额计算是否准确。

(3)摘要填写是否清楚、项目填写是否齐全，如日期、凭证编号、明细科目、附件张数以及有关人员签章等是否有漏填。

(4)记账凭证审核完成后，审核人需在凭证的审核处签章，记账凭证与其所附的原始凭证(统称为会计凭证)可以作为登记账簿的依据，按照特定的核算方式登记总分类账簿、明细分类账簿。

■■■ 思考题

1.企业发生的经济业务用什么来体现？

2.经济业务发生的载体形式单一吗？

3.如果你是财会人员，你将如何完成、指导各种原始凭证的填制？

4.如果你是财会人员，你将如何正确处理业务人员传递的单据？

5.如果你是财会人员，你觉得你能读懂原始凭证吗？

6.假设你是兰心化妆品有限公司的财会人员，某月一堆票据呈现在你眼前(见图 3-18 至图 3-22)，你该如何整理？

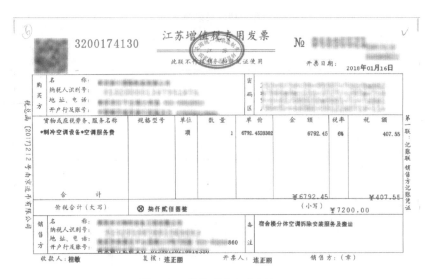

图 3-18　增值税专用发票（二）

图 3-19　银行客户专用回单

支有限公司

5 月 工 资 表

2018年度

| 序号 | 姓名 | 基本工资 | 岗位补贴 | 加班补贴 | 扣款 | 应发工资 | 社保基数 | 代扣个人社保部分 | | | | 代扣公积金 | 代扣个税 | 大病 | 实发工资 | 签 名 | 身份证号 |
								养老 8%	失业 0.5%	医疗 2%	合计						
1	冯□□	3000.00	500.00			3500.00	2772.00	221.76	13.86	55.44	291.06	400.00		10.00	2798.94		934
2	王□□	3000.00	500.00			3500.00		0.00	0.00	0.00	0.00				3500.00		925
3	冯□□	3000.00	500.00			3500.00		0.00	0.00	0.00	0.00				3500.00		916
合计		9000.00	1500.00	0.00	0.00	10500.00	2772.00	221.76	13.86	55.44	291.06	400.00	0.00	10.00	9798.94		

批准：　　　　　　　审核：　　　　　　　　　　制表人：冯清波

图 3-20　工资结算单

图 3-21 电子缴税付款凭证

图 3-22 增值税普通发票(四)

7.兰心化妆品有限公司 12 月 10 日发生以下 5 笔经济业务:

(1)出纳王兰去银行提取现金 2 000 元备用;

(2)业务员张峰预借差旅费 3 000 元,用现金支付;

(3)销售成套化妆品给三友百货公司,不含税单价为 1 800 元,数量为 100 套,增值税税率为 17%,货物已发出,款项未收;

(4)收到润发公司转账支票一张,金额为 36 000 元,偿还前欠货款(润发公司开户银行:中国工商银行某支行;账号:123456789);

(5)生产车间领用原材料(基质原料)50 千克,成本为 5 000 元。

请判断上述经济业务发生时需要哪些原始凭证,如何填制相关记账凭证。

■■■ 自测题

二维码 3-5

項目四

企业经济业务核算

能力目标

1.能熟练运用借贷记账法核算经济业务;
2.能准确计算企业的利润;
3.能对企业利润进行分配处理。

知识目标

1.了解企业生产经营过程中主要核算账户的用途和结构;
2.了解产品成本的计算方法;
3.掌握资金筹集、供应、生产、销售和财务成果分配全过程的业务核算。

任务 1 资金筹集业务的核算

一、企业资金来源

企业资金来源的渠道主要包括投资者投入资金及向债权人借入资金,具体见表 4-1。

表 4-1 企业资金来源

资金来源渠道		释 义
股权筹资	吸收直接投资	接受国家从财政预算中拨款投资、接受经营投资(采用联营、合资经营、合作经营等形式,由参与经营各方投入资金)
	发行股票	通过发行股票筹集资金
	利用留存收益	企业内部的资本公积金和从经营利润中提取的盈余公积转增为资本金

资金来源渠道		释　义
债权筹资	向金融机构借款	从银行等金融机构取得的短期借款和长期借款
	发行债券	通过发行企业债券筹集资金
	利用商业信用	企业经营过程中的各种应付款、应付票据和预收款
	融资租赁	出租人和承租人根据供货合同再订立一项租赁合同,将设备出租给承租人,并向承租人收取一定的租金

二、设置会计账户

(一)"实收资本(或股本)"账户

"实收资本(或股本)"账户核算企业接受投资者投入的实收资本,如果是股份有限公司,则为"股本"账户,属于所有者权益类账户,该账户一般按投资者设置明细账。企业实际收到投资者投入的资本,借记"银行存款""其他应收款""固定资产""无形资产"等科目,按其在注册资本或股本中所占份额,贷记本科目,按其差额,贷记"资本公积——资本溢价或股本溢价"科目。期末贷方余额,反映企业实收资本或股本总额。

(二)"资本公积"账户

"资本公积"账户核算企业收到投资者出资超出其在注册资本或股本中所占份额的部分以及直接计入所有者权益的利得和损失等,属于所有者权益类账户。该账户一般按"资本(或股本)溢价""其他资本公积"设置明细账。期末贷方余额,反映企业资本公积的结余数额。

(三)"短期借款"账户

"短期借款"账户核算企业向银行或其他金融机构等借入的期限在一年以下(含一年)的各种借款,属于负债类账户。该账户一般按贷款人设置明细账。企业借入的各种短期借款,借记"银行存款"科目,贷记本科目;归还借款做相反的会计分录。期末贷方余额,反映企业尚未归还的短期借款的本金。

(四)"长期借款"账户

"长期借款"账户核算企业借入的期限在一年以上的各种借款,属于负债类账户,该账户可按贷款单位和贷款种类分别设置"本金""利息调整"明细账。企业借入的各种长期借款,按实际收到的金额,借记"银行存款"科目,贷记本科目(本金)。如存在差额,还应借记本科目(利息调整)。归还的长期借款本金,借记本科目,贷记"银行存款"科目。期末贷方余额,反映企业尚未偿还的长期借款。

(五)"银行存款"账户

"银行存款"账户核算企业存入银行或其他金融机构的各种款项,属于资产类账户,该账户应按照开户银行、存款种类等分别设置明细账。企业增加银行存款,借记本科目,贷记"库存现金""应收账款"等科目;减少银行存款做相反的会计分录。期末借方余额,反映企业存在银行或其他金融机构的各种款项。

(六)"固定资产"账户

"固定资产"账户核算企业持有的固定资产的原价,属于资产类账户,可按照固定资产类别或项目进行明细核算。企业购入不需要安装的固定资产,按应计入固定资产成本的金额,借记本科目,贷记"银行存款"等科目。购入需要安装的固定资产,先计入"在建工程"科目,达到预定可使用状态时再转入本科目。处置固定资产时,按该项固定资产账面价值,借记"固定资产清理"科目,按已提的累计折旧,借记"累计折旧"科目,按其账面原价,贷记本科目。期末借方余额,反映企业固定资产的原价。

(七)"应付利息"账户

"应付利息"账户核算企业按照合同约定应支付的利息,包括吸收存款、分期付息到期还本的长期借款、企业债券等应支付的利息,属于负债类账户。该账户贷方登记企业按照合同约定利率计算确定的应付未付的利息,借方登记归还的利息,期末余额在贷方,反映企业应付未付的利息。该账户应按照存款人或债权人进行明细核算。

(八)"财务费用"账户

"财务费用"账户核算企业为筹集生产经营所需资金等而发生的筹资费用,包括利息支出(减利息收入)、汇兑损益以及相关的手续费、发生的现金折扣等,属于损益类账户。该账户借方登记发生的各项财务费用,贷方登记期末结转到"本年利润"账户的金额,期末结转后,该账户无余额。该账户一般可按费用项目进行明细核算。

三、投资者投入资本的核算

投资者可以采用投入货币资金、实物资产及无形资产等方式向企业投资,企业实际收缴的资本经过验资即为企业的实收资本。投入的资本按投资人的不同可分为国家投资、企业投资、个人投资、外商投资。

二维码 4-1

(1)企业接受投资者投入的资本时,会计分录如下:

借:银行存款/固定资产/无形资产等

    贷:实收资本

        资本公积

(2)按法定程序报经批准减少注册资本时,做方向相反的分录。

【例 4-1】12 月 5 日,澄江园艺用品制造有限公司取得光明公司投资 500 000 元,款项已经存入银行。

这笔经济业务的发生,一方面使澄江园艺用品制造有限公司的银行存款增加了 500 000元,应计入"银行存款"账户的借方;另一方面又使该公司的资本增加了 500 000 元,应计入"实收资本"账户的贷方。编制会计分录如下:

借:银行存款   500 000

　　　　贷:实收资本——光明公司　　　　　　　　　　　　　　　　　　　　　500 000

　　【例4-2】澄江园艺用品制造有限公司收到A公司投入的机器设备2台,经评估其价值为300 000元。

　　这笔经济业务的发生,一方面使澄江园艺用品制造有限公司的固定资产增加了300 000元,应计入"固定资产"账户的借方;另一方面又使该公司的资本增加了300 000元,应计入"实收资本"账户的贷方。编制会计分录如下:

　　　　借:固定资产——设备　　　　　　　　　　　　　　　　　　　　　　　300 000
　　　　　　贷:实收资本——A公司　　　　　　　　　　　　　　　　　　　　　300 000

四、借入资金业务的处理

　　企业向银行或其他非银行金融机构借入的款项按其还期的长短可分为短期借款和长期借款。短期借款是指归还期在一年(含一年)或一个经营周期以内的借款,长期借款是指归还期在一年或一个经营周期以上的借款。

二维码4-2

　　【例4-3】12月23日,澄江园艺用品制造有限公司从银行借入50 000元流动资金,期限为1年。

　　这笔经济业务的发生,一方面使该公司的银行存款增加了50 000元,应计入"银行存款"账户的借方;另一方面又使该公司的短期借款增加了50 000元,应计入"短期借款"账户的贷方。编制会计分录如下:

　　　　借:银行存款　　　　　　　　　　　　　　　　　　　　　　　　　　　50 000
　　　　　　贷:短期借款　　　　　　　　　　　　　　　　　　　　　　　　　　50 000

　　【例4-4】7月1日,企业从中国银行借入期限为2年、年利率为12%的借款2 000 000元,按季付息,款项已经存入银行。

　　这笔经济业务的发生,一方面使企业的银行存款增加了2 000 000元,应计入"银行存款"账户的借方;另一方面又使企业的长期借款增加了2 000 000元,应计入"长期借款"账户的贷方。编制会计分录如下:

　　　　借:银行存款　　　　　　　　　　　　　　　　　　　　　　　　　　2 000 000
　　　　　　贷:长期借款　　　　　　　　　　　　　　　　　　　　　　　　　2 000 000

五、利息收入与利息支出业务的处理

　　从形态上看,利息是货币所有者因为发出货币资金而从借款者手中获得的报酬。它是借贷者使用货币资金必须支付的代价。其计算公式为

$$利息(年)=本金×年利率(百分数)×存期$$

　　(1)取得利息收入时,会计分录如下:

　　借:银行存款
　　　　贷:财务费用

　　(2)按照权责发生制,应当按月计提筹资费用(利息支出)时,会计分录如下:

　　借:财务费用
　　　　贷:应付利息

（3）按季付息时,会计分录如下:

借:应付利息

  贷:银行存款

【例 4-5】12 月末,对企业本月负担的尚未支付的全部借款利息进行计提并支付,12 月应提 4 100 元,银行转来结息单据,从账户中扣除 4 100 元的应付利息。

编制会计分录如下:

提取 12 月份利息支出时:

借:财务费用——利息支出   4 100

  贷:应付利息   4 100

12 月末(季末)支付所欠利息时:

借:应付利息   4 100

  贷:银行存款   4 100

另外,接银行结息通知单,12 月 21 日本季度活期存款利息收入 200.12 元,已存入银行。取得利息收入时作冲减"财务费用"处理,编制会计分录如下:

借:银行存款   200.12

  贷:财务费用   200.12

需要注意的是,在后续登记"财务费用"账簿时,需用红字将该利息收入 200.12 元登记在"财务费用"账户的借方,以示冲减,减少财务费用。

【例 4-6】接例 4-4,7 月末,计算该笔长期借款负担但尚未支付的利息。

负担的借款利息费用＝2 000 000×12％÷12＝20 000(元)

编制会计分录如下:

借:财务费用——利息支出   20 000

  贷:应付利息   20 000

8 月末,同上处理。

9 月末,计提 9 月利息费用并支付本季度利息,可编制会计分录如下:

借:财务费用——利息支出   20 000

  应付利息   40 000

  贷:银行存款   60 000

任务 2 物资供应过程业务的核算

物资供应过程是工业企业生产经营活动的准备阶段,主要是购置生产材料,包括厂房、生产设备、原材料等,可以分成购建固定资产的过程和采购材料的过程两个部分。购建固定资产过程的主要任务就是购置需要安装和不需要安装的生产设备并投入使用、自行建造固定资产等。采购材料过程的主要任务就是采购生产经营所需的各种原材料,形成材料储备。在供应过程中,企业一方面要根据供应计划和合同的规定及时购置生产材料,并验收入库,保证生产需要;另一方面要按经济合同和结算制度的规定支付货款及采购费用。企业要有计划地采购生产材料,力求既满足生产上的需要,又避免过多储备从而造成资金的浪费。

一、设置会计账户

(一)"在途物资"账户

二维码 4-3

"在途物资"账户核算企业购入材料、货款已付尚未验收入库的在途物资的实际采购成本,属于资产类账户。其借方登记购入材料的采购成本,贷方登记验收入库材料的采购成本,期末借方余额表示企业在途物资的采购成本。该账户可按供应单位和物资品种进行明细分类核算。

(二)"原材料"账户

"原材料"账户核算企业库存的各种材料的成本,属于资产类账户。其借方登记验收入库材料的成本,贷方登记发出材料的成本,期末借方余额表示库存材料的成本。该账户可按材料的类别、品种、规格进行明细分类核算。

(三)"应付账款"账户

"应付账款"账户核算企业因购买材料、商品和接受劳务供应等经营活动应付给供应商的款项,属于负债类账户。该账户贷方登记企业应付未付的款项,借方登记企业支付的款项,期末贷方余额表示企业尚未支付的应付款项。该账户应按债权人进行明细分类核算。

(四)"预付账款"账户

"预付账款"账户核算企业按照合同规定预付的款项,属于资产类账户。其借方登记预付的款项和补付的款项,贷方登记收到采购货物时按发票金额冲销的预付账款金额和因预付货款多余而退回的款项,期末借方余额表示企业实际已付、预付的款项。该账户应按供应单位进行明细分类核算。

(五)"应交税费——应交增值税"账户

"应交税费——应交增值税"账户核算企业按照税法等规定计算的应交纳的增值税,属于负债类账户。一般纳税人采购材料还应对该账户设置"进项税额""销项税额"等栏目。三级科目"进项税额"在"借方"反映,核算的内容是企业购入货物或接受劳务而支付的、准予从销项税额中抵扣的增值税额;"销项税额"在"贷方"反映,记录企业销售货物或提供应税劳务应收取的增值税额;期末借方余额表示企业多交或者尚未抵扣的税费。

(六)"应付票据"账户

"应付票据"账户核算企业购买材料、商品和接受劳务等开出、承兑的商业汇票,包括银行承兑汇票和商业承兑汇票。其贷方登记企业开出、承兑的商业汇票的票面金额,借方登记企业已经支付或者到期无力支付的商业汇票的票面金额,期末贷方余额反映企业尚未到期的商业汇票的票面金额。

二、材料采购成本的计算

采购成本是指由购买存货而发生的买价(购买价格或发票价格)和运杂费(运输费用和装卸费用)构成的成本,其总额取决于采购数量和单位采购成本,具体项目及内容见表 4-2。

表 4-2　采购成本项目构成

项　目		释　义
买　价		销货方所开出的发票上的价格
采购费用	运杂费	即从销货单位运达企业仓库前所发生的包装、运输、装卸、搬运、保险及仓储等费用
	运输途中的合理损耗	即企业事先与供应单位、运输机构之间规定的一定幅度的损耗或必要的合理损耗
	入库前整理挑选费用	包括整理挑选过程中发生的人工费及其他费用、必要的数量损耗(扣除收回下脚料)等支出
	支付的税金和其他费用	如小规模纳税人购买材料支付的增值税税款

材料采购成本按照材料的品种归集,计算公式如下:

某材料的入账成本＝该材料买价＋该材料负担的采购费用

该材料负担的采购费用＝该材料的重量(或买价、体积)×采购费用分配率

采购费用分配率＝采购费用总额÷各种材料的重量(或买价、体积)之和

(一)向增值税一般纳税人采购材料的业务处理

【例 4-7】12 月 11 日,澄江园艺用品制造有限公司向上海友谊公司采购原材料集成件,销货方开具的增值税专用发票注明:数量 8 000 套,每套不含税价 12元,增值税税率 13%,价税合计 108 480 元。材料未入库,款项未支付。

二维码 4-4

这笔经济业务的发生,使企业尚未入库的材料(集成件)增加 96 000 元(96 000＝12×8 000),需支付给销货方的增值税税款增加 12 480 元(12 480＝96 000×13%),共欠对方108 480 元。编制会计分录如下:

借:在途物资——集成件　　　　　　　　　　　　　　　　96 000

　　应交税费——应交增值税(进项税额)　　　　　　　　12 480

　　　贷:应付账款——上海友谊公司　　　　　　　　　　　　　108 480

澄江园艺用品制造有限公司在购买集成件的过程中产生运费 1 500 元,已用现金支付。

这笔经济业务产生的 1 500 元运费应由所运输的货物承担,所以应该计入集成件的成本,由于该批材料尚未入库,故运费反映在“在途物资”账户中,编制会计分录如下:

借:在途物资——集成件　　　　　　　　　　　　　　　　1 500

　　　贷:库存现金　　　　　　　　　　　　　　　　　　　　　1 500

根据仓库传递的入库单情况,集成件已经验收入库,实际采购总成本为 97 500[买价

(96 000)＋运费(1 500)]元,单位成本为 12.1875 元/套。

这笔经济业务发生表明已完成采购集成件业务,企业原材料增加了 97 500 元,材料验收入库,则在途物资减少了 97 500 元,"在途物资"账户结转后无余额,编制会计分录如下:

借:原材料——集成件 97 500
  贷:在途物资——集成件 97 500

月末,澄江园艺用品制造有限公司通过网银转账支付给上海友谊公司前欠的货款 108 480元。

这笔经济业务发生,一方面使企业银行存款减少 108 480 元,另一方面使企业负债应付账款减少 108 480 元,编制会计分录如下:

借:应付账款——上海友谊公司 108 480
  贷:银行存款 108 480

【例 4-8】12 月 16 日,澄江园艺用品制造有限公司向红兴公司采购集成件 2 000 套,单价为 10 元,价款共计 20 000 元,增值税税额为 2 600 元;机架 3 000 套,单价为 22.50 元,价款共计 67 500 元,增值税税额为 8 775 元;对方代垫运杂费 2 500 元。材料验收入库,货款未付。

这笔经济业务是以赊购的方式购入材料,同时需要考虑 2 种材料如何分摊共同产生的运费,假设按材料的买价分摊,计算如下:

运杂费分配率＝2 500÷(20 000＋67 500)≈0.0286
集成件负担的运杂费＝0.028 6×20 000＝572(元)
机架负担的运杂费＝2 500－572＝1 928(元)
集成件采购成本＝20 000＋572＝20 572(元)
机架采购成本＝67 500＋1 928＝69 428(元)

所以,这笔经济业务发生,一方面企业的集成件(原材料)增加 20 572 元,机架(原材料)增加 69 428 元,增值税进项税额增加 1 1375 元;另一方面因为货款和运费都未支付,企业负债"应付账款"增加 101 375 元。编制会计分录如下:

借:原材料——集成件 20 572
    ——机架 69 428
  应交税费——应交增值税(进项税额) 1 1375
  贷:应付账款——红兴公司 101 375

归还对方货款和运费时,编制会计分录如下:

借:应付账款——红兴公司 101 375
  贷:银行存款 101 375

【例 4-9】12 月 12 日,澄江园艺用品制造有限公司根据合同规定向永华公司预付购买锰钢的货款 20 000 元。

企业按照购货合同或劳务合同的规定,预先支付给供应单位或提供给劳务方的账款,应通过"预付账款"来核算。它是因企业主动付款而形成的,属于企业短期性债权。

对于这笔业务可编制会计分录如下:

借:预付账款——永华公司 20 000
  贷:银行存款 20 000

12 月 26 日,企业收到所购锰钢 2 000 千克,增值税专用发票载明材料价款 22 000 元,增值税税款 2 860 元。锰钢已验收入库。本笔采购业务的款项用预付款支付,编制会计分录如下:

借:原材料——锰钢   22 000
  应交税费——应交增值税(进项税额)   2 860
  贷:预付账款——永华公司   24 860

企业于 12 月 28 日通过网银补付不足部分的货款 4 860 元,这笔业务使企业预付账款增加,同时使企业的银行存款减少。企业需通过"预付账款"账户和"银行存款"账户对这笔业务进行核算。编制会计分录如下:

借:预付账款——永华公司   4 860
  贷:银行存款   4 860

(二)向小规模纳税人采购材料的处理

小规模纳税人销售货物或提供应税劳务只能开具增值税普通发票,实行按照销售额和规定的征收率计算应纳税额的简易办法,购货方(一般纳税人)取得普通发票不得抵扣进项税额。

二维码 4-5

【例 4-10】10 月 5 日,永进模具有限公司从小规模纳税人子扬塑钢厂购入原材料,对方开具了增值税普通发票,价税合计 9 888 元,款项尚未支付,材料已经入库,根据规定不得抵扣增值税,编制会计分录如下:

借:原材料——模具钢板   9 888
  贷:应付账款——子扬塑钢厂   9 888

三、外购固定资产业务的核算

外购固定资产一般应按取得时的成本作为入账的价值,包括购买固定资产的价款、相关税费、使固定资产达到预定可使用状态前发生的可归属于该项资产的运输费、装卸费、安装费和专业技术人员的服务费等。

二维码 4-6

【例 4-11】12 月 10 日,澄江园艺用品制造有限公司以银行存款购入不需安装的压铸机一台,取得的增值税专用发票中注明价款 300 000 元,增值税 39 000 元。

二维码 4-7

该笔经济业务发生,使企业固定资产(机器设备)增加 300 000 元,可抵扣的增值税进项税额增加 39 000 元,银行存款减少 339 000 元,编制会计分录如下:

借:固定资产——机器设备   300 000
  应交税费——应交增值税(进项税额)   39 000
  贷:银行存款   339 000

任务 3　生产过程业务的核算

　　企业在生产过程中会发生各种消耗,主要包括材料消耗、人工消耗、其他消耗(如厂房、机器设备的折旧费等),统称为费用。因为会计期间被人为地分为月、季度、半年度、年度,所以在核算费用时按照权责发生制原则分两种情况进行处理:第一,基本生产车间的费用发生时计入产品成本,核算到"生产成本""制造费用"账户,产品生产完成验收入库再转入"库存商品"账户。第二,基本车间以外的行政管理等部门为了经营管理而发生的费用直接计入发生当期的损益,称为期间费用(包括财务费用、管理费用、销售费用)。具体如图 4-1 所示。

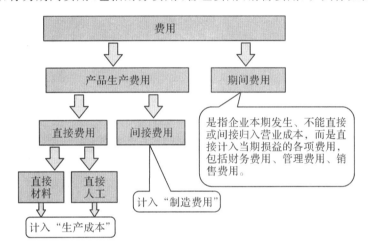

图 4-1　费用的构成

一、设置会计账户

(一)"生产成本"账户

　　"生产成本"账户核算企业进行生产时发生的各项成本,属于成本类账户。该账户用来归集产品生产过程中所发生的应计入产品成本的各项费用,并据以登记产品生产成本。该账户借方登记应计入产品成本的各项费用(平时登记应直接计入产品成本的直接材料费和直接人工费,月末登记经分配转入的制造费用);贷方登记已完工验收入库转入"库存商品"账户借方的产品生产成本转出额;期末借方余额,表示尚未完工的在产品的成本。该账户可按成本核算对象(产品的品种、类别、订单、批别、生产阶段等)设置明细账(或成本计算单),并按照规定的成本项目设置专栏。

(二)"制造费用"账户

　　"制造费用"账户核算企业生产车间(部门)为生产产品和提供劳务而发生的各项间接费用,属于成本类账户。该账户借方登记平时车间范围内实际发生的各项制造费用,如车间管理人员的人工费、生产设备折旧费、车间办公费、水电费、机物料消耗、劳动保护费等;贷方登记月末经分配后转入"生产成本"账户借方的制造费用转出额;月末经分配结转后应无余额。该账户可按不同的生产车间、部门和费用项目进行明细分类核算。

应注意,上述"生产成本"账户和"制造费用"账户虽同属成本类账户,但它们不同。凡能直接计入成本计算对象的费用,在发生时应直接计入"生产成本"账户;凡不能直接确认成本计算对象的间接费用,在发生时应先计入"制造费用"账户,月末按一定分配方法和分配标准在各成本核算对象之间进行分配时,再转入"生产成本"账户。

(三)"应付职工薪酬"账户

"应付职工薪酬"账户核算企业根据有关规定应付给职工的各种薪酬,属于负债类账户,可按工资、职工福利、社会保险费、住房公积金、工会经费、职工教育经费、非货币性福利、辞退福利、股份支付等进行明细分类核算。该账户借方登记本月实际支付的薪酬;贷方登记本月结算的应付职工薪酬;期末贷方余额,表示应付而未付给职工的薪酬。同时,对于应付的职工薪酬,应将其作为人工费用,按其经济用途分别计入有关的成本、费用账户。

(四)"累计折旧"账户

"累计折旧"账户核算企业固定资产的累计折旧,用来反映和监督企业在生产经营过程中使用的所有固定资产的折旧额提取和注销情况,是一个特殊的资产类账户(固定资产的备抵账户)。需要注意的是,用"固定资产"账户的借方余额减去"累计折旧"账户的贷方余额,就可以计算该项固定资产的净值。

(五)"库存商品"账户

"库存商品"账户核算企业库存的各种商品的成本,属于资产类账户。该账户借方登记生产完工并验收入库的产成品的成本;贷方登记发出产成品的成本;期末借方余额,表示库存产成品的成本。该账户应按产成品的种类、品种和规格进行明细分类核算。

(六)"管理费用"账户

"管理费用"账户核算企业为组织和管理生产经营所发生的管理费用,包括企业的董事会和行政管理部门在企业的经营管理中发生的或者应由企业统一负担的公司经费(包括行政管理部门职工薪酬、修理费、物料消耗、低值易耗品摊销、办公费和差旅费等)、咨询费(含顾问费)、诉讼费、业务招待费、房产税、车船使用税、土地使用税、印花税、技术转让费等,属于损益类账户。该账户借方登记企业发生的各项管理费用,贷方登记期末结转入"本年利润"的管理费用,结转后无余额。该账户应按管理费用的项目进行明细分类核算。

二、生产领用材料业务的处理

日常活动中,相关部门领用原材料时先填制领料单,向仓库办理领料手续。仓库根据领料单发料后,将领料凭证递交会计部门,使其据以作为入账的依据。会计部门一般在月末编制汇总领料凭证,确定成本,据以编制记账凭证。所发出的材料成本取决于计价方法,常见的存货计价方法有个别计价法、先进先出法、

二维码 4-8

一次加权平均、移动平均法、计划成本法、毛利率法、零售价法等。

在生产领用材料业务中,生产产品直接耗用的材料,借记"生产成本"账户;车间一般性耗用的材料,借记"制造费用"账户;行政管理部门耗用的材料,借记"管理费用"账户;销售部门耗用的材料,借记"销售费用";材料用于对外销售时,借记"其他业务成本"。

【例 4-12】丁公司 2×17 年 3 月 1 日结存 B 材料 3 000 千克,每千克实际成本为 10 元;3月 5 日和 3 月 20 日分别购入该材料 9 000 千克和 6 000 千克,每千克实际成本分别为 11 元和 12 元;3 月 10 日和 3 月 25 日分别发出该材料 10 500 千克和 6 000 千克。详细记录见表 4-3。

表 4-3　B 材料购销明细账(一次加权平均法)

日 期		摘　要	收　入			发　出			结　存		
月	日		数量/千克	单价/元	金额/元	数量/千克	单价/元	金额/元	数量/千克	单价/元	金额/元
3	1	期初余额							3 000	10	30 000
	5	购入	9 000	11	99 000				12 000		129 000
	10	发出				10 500			1 500		
	20	购入	6 000	12	72 000				7 500		
	25	发出				6 000			1 500		
	31	合计	15 000		171 000	16 500	11.17	184 305	1 500	11.17	16 755

根据汇总的领料单编制发料凭证汇总表,如表 4-4 所示。

表 4-4　发料凭证汇总表

用途及领料部门		B 材料领用数量/千克	金额/元
生产领用	甲产品	7 000	78 190
	乙产品	8 300	92 711
车间一般耗用		800	8 936
行政管理部门耗用		400	4 468
合　计		16 500	184 305

分析:生产甲产品耗用 B 材料计成本 78 190 元,直接计入"生产成本——甲产品"账户;生产乙产品耗用 B 材料计成本 92 711 元,直接计入"生产成本——乙产品"账户;车间一般耗用 B 材料计成本 8 936 元,计入"制造费用"账户;管理耗用 B 材料计成本 4 468 元,计入"管理费用"账户。编制会计分录如下:

借:生产成本——甲产品　　　　　　　　　　　　　　　78 190
　　　　　　——乙产品　　　　　　　　　　　　　　　92 711
　　制造费用——料耗　　　　　　　　　　　　　　　　8 936
　　管理费用——料耗　　　　　　　　　　　　　　　　4 468
　　贷:原材料——B 材料　　　　　　　　　　　　　　　　　184 305

三、职工薪酬结算和发放业务的处理

职工薪酬是指企业为获得职工提供的服务或解除劳动关系而给予各种形式的报酬或补偿,具体包括:短期薪酬、离职后福利、辞退福利和其他长期职工福利。企业提供给职工配偶、子女、受赡养人、已故员工遗属及其他受益人等的福利,也属于职工薪酬。

二维码 4-9

短期薪酬是指企业在职工提供相关服务的年度报告期间结束后 12 个月内需要全部予以支付的职工薪酬,因解除与职工的劳动关系给予的补偿除外,具体包括:职工工资、奖金、津贴和补贴,职工福利费,医疗保险费、工伤保险费和生育保险费等社会保险费,住房公积金,工会经费和职工教育经费,短期带薪缺勤,短期利润分享计划,非货币性福利以及其他短期薪酬。其中,带薪缺勤是指企业支付工资或提供补偿的职工缺勤,包括年休假、病假、短期伤残、婚假、产假、丧假、探亲假等。利润分享计划是指企业因职工提供服务而与职工达成的基于利润或其他经营成果提供薪酬的协议。

离职后福利是指企业为获得职工提供的服务而在职工退休或与企业解除劳动关系后提供的各种形式的报酬和福利,短期薪酬和辞退福利除外。

辞退福利是指企业在职工劳动合同到期之前解除与职工的劳动关系,或者为鼓励职工自愿接受裁减而给予职工的补偿。

其他长期职工福利是指除短期薪酬、离职后福利、辞退福利之外的职工薪酬,包括长期带薪缺勤、长期残疾福利、长期利润分享计划等。

(一)工资费用的核算

月末,企业按照职工的考勤记录、工时记录、产量记录、工资等级标准、代扣各项款项等,编制工资结算单,计算应付给职工的工资,并根据职工所提供服务的受益对象,分别计入产品生产成本或当期损益,编制工资费用分配汇总表。具体根据以下情况分别进行处理。

(1)参加产品生产的工人的职工薪酬,为产品生产耗费的直接人工,直接计入产品生产成本,借记"生产成本"账户。

(2)生产车间管理及技术人员的职工薪酬,为产品生产耗费的间接人工,计入制造费用,借记"制造费用"账户。

(3)专设销售机构的销售人员的职工薪酬,借记"销售费用"账户。

(4)行政管理人员的职工薪酬,借记"管理费用"账户。

【例 4-13】大宇塑模有限公司月末编制的各个部门人员的工资结算汇总表(见表 4-5)和工资费用分配表(见表 4-6),按照受益部门计入相应账户核算。

表 4-5 工资结算汇总表

××××年 12 月 单位:元

人员类别	实发工资/元
厂部管理人员	27 229.35
销售人员	25 312.32
车间管理人员	5 903.08
生产工人	79 765.40
合 计	138 210.15

表 4-6 工资费用分配汇总表

××××年 12 月 单位:元

应借科目	生产工人	车间管理人员	厂部管理人员	销售人员	合 计
生产成本	81 250				81 250
甲产品	48 750				48 750
乙产品	32 500				32 500
制造费用		6 200			6 200
管理费用			28 500		28 500
销售费用				26 500	26 500
合 计	81 250	6 200	28 500	26 500	142 450

审核:李丽 制表:许亚

分析:生产甲产品的生产工人的工资 48 750 元是直接人工费,借记"生产成本——甲产品"账户;生产乙产品的生产工人的工资 32 500 元也是直接人工费,借记"生产成本——乙产品"账户;车间管理人员工资 6 200 元是间接费用,借记"制造费用"账户;厂部管理人员工资 28 500 元是期间费用,借记"管理费用"账户;销售人员工资 26 500 元也是期间费用,借记"销售费用"账户。编制会计分录如下:

职工薪酬分配时:

借:生产成本——甲产品 48 750
　　　　——乙产品 32 500
　制造费用　　人工费 6 200
　管理费用——人工费 28 500
　销售费用——人工费 26 500
　贷:应付职工薪酬——工资 142 450

通过银行发放工资时,扣除代扣个人负担的社会保险费和应交的个人所得税,按照实发工资委托银行发放,一方面企业"银行存款"减少,另一方面企业欠员工的负债"应付职工薪酬"减少,编制会计分录如下:

借:应付职工薪酬——工资 138 210.15
　贷:银行存款 138 210.15

企业代扣代缴员工个人负担的社会保险费和个人所得税,一方面负债"应付职工薪酬"

减少,另一方面负债"其他应付款""应交税费"增加,编制会计分录如下:

借:应付职工薪酬——工资   4 239.85

   贷:其他应付款——社会保险费   4 008.42

     应交税费——代扣代缴个人所得税   231.43

(二)社会保险费的计提与缴纳

根据国家有关规定,用人单位需按照规定的数额和期限替职工缴纳社会保险费,包括养老保险费、医疗保险费、失业保险费、工伤保险费和生育保险费。

【例 4-14】月末,公司根据规定计提由企业负担的各项社会保险费,具体见表 4-7。

表 4-7　企业负担的社会保险费

单位:元

人员类别	养老保险费	医疗保险费	失业保险费	工伤保险费	生育保险费	合　计
厂部管理人员	2 992.50	1 000.72	427.50	285.00	125.09	4 830.81
车间管理人员	651.00	285.92	93.00	62.00	35.74	1 127.66
销售人员	2 782.50	1 143.68	397.50	265.00	142.96	4 731.64
生产甲产品的工人	5 118.75	714.80	731.25	487.50	89.35	7 141.65
生产乙产品的工人	3 412.50	714.80	487.50	325.00	89.35	5 029.15
合　计	14 957.25	3 859.92	2 136.75	1 424.50	482.49	22 860.91

根据表 4-7 中数据,编制会计分录如下:

借:生产成本——甲产品   7 141.65

        ——乙产品   5 029.15

   制造费用——人工费   1 127.66

   管理费用——人工费   4 830.81

   销售费用——人工费   4 731.64

   贷:应付职工薪酬——社会保险费   22 860.91

下月初,企业缴纳社会保险费,代缴个人负担的社会保险费时,编制会计分录如下:

借:应付职工薪酬——社会保险费   22 860.91

   其他应付款——社会保险费   4 008.42

   贷:银行存款   26 869.33

(三)职工福利费的核算

职工福利费是企业为职工提供的除工资、奖金、津贴、纳入工资总额管理的补贴、职工教育经费、社会保险费和补充养老保险费(年金)、补充医疗保险费及住房公积金以外的福利待遇支出,包括发放给职工或为职工支付的医药费、困难补助、异地安家费等各项现金补贴和非货币性集体福利。职工福利费由企业据实列支,计入相关成本、费用中。

二维码 4-10

【例 4-15】根据工会核准,公司决定给职工发放独生子女费,给有独生子女的职工每人发

100 元,其中生产部门有 27 人,行政管理部门有 7 人,销售部门有 8 人。

经计算,生产部门独生子女费计 2 700 元,计入"制造费用"账户;行政管理部门独生子女费计 700 元,计入"管理费用"账户;销售部门独生子女费计 800 元,计入"销售费用"账户。编制会计分录如下:

职工福利费分配时:

```
借:制造费用——人工费                                          2 700
    管理费用——人工费                                            700
    销售费用——人工费                                            800
    贷:应付职工薪酬——职工福利                                        4 200
```

实际以现金发放时:

```
借:应付职工薪酬——职工福利                                      4 200
    贷:库存现金                                                  4 200
```

四、其他间接生产费用支出业务的处理

二维码 4-11

(一)固定资产折旧计提及日常维修业务的处理

固定资产在其使用寿命内,虽然能保持其原有的实物形态,但其价值却在逐渐损耗,这部分损耗的价值称为折旧。计提的固定资产折旧,应根据固定资产用途,分别计入相关资产的生产成本或当期费用,如车间使用的厂房、机器设备折旧费借记"制造费用"账户,管理人员的办公设备折旧费借记"管理费用"账户,同时要将损耗的部分贷记"累计折旧"账户。

企业应按月提取折旧,当月增加的固定资产,当月不提折旧,从下月起计提折旧;当月减少的固定资产,当月照提折旧,从下月起不提折旧。固定资产提足折旧后,不再提取折旧;提前报废的固定资产,不再补提折旧。

【例 4-16】澄江园艺用品制造有限公司 12 月固定资产折旧计提情况如表 4-8 所示。

表 4-8　固定资产折旧计提明细表

××××年 12 月

制表单位:澄江园艺用品制造有限公司

固定资产名称	购入时间	单位	数量	原值/元	残值率/%	残值/元	使用年限/年	年折旧额/元	月折旧额/元	备注
A	2009 年 11 月	台	1	447 224.75	5	22 361.24	10	42 486.35	3 540.53	制造
B	2010 年 8 月	台	2	299 280.00	5	14 964.00	10	28 431.60	2 369.30	制造
小　计				746 504.75				70 917.95	5 909.83	
C	2008 年 10 月	套	1	10 540.00	5	527.00	10	1 001.30	83.44	管理
D	2011 年 12 月	辆	1	803 248.00	5	40 162.40	10	76 308.56	6 359.05	管理
小　计				813 788.00				77 309.86	6 442.49	
E	2009 年 12 月	辆	1	52 852.00	5	2 642.60	10	5 020.94	418.41	销售
小　计				52 852.00				5 020.94	418.41	
合　计				1 613 144.75				153 248.75	12 770.73	

企业根据规定的固定资产折旧率计提本月固定资产折旧费 12 770.73 元,其中生产车间提取固定资产折旧费 5 909.83 元,管理部门提取固定资产折旧费 6 442.49 元,销售部门提取固定资产折旧费 418.41 元。编制会计分录如下:

借:制造费用——折旧费   5 909.83

    管理费用——折旧费   6 442.49

    销售费用——折旧费   418.41

    贷:累计折旧   12 770.73

固定资产在使用过程中发生的修理费用、更新改造等后继支出,根据使用部门分别核算,生产车间和行政管理部门发生的固定资产修理费用,计入"管理费用"账户,销售部门发生的固定资产修理费用,计入"销售费用"。

【例 4-17】企业以银行存款支付一台生产设备的维修费 4 000 元。编制会计分录如下:

借:管理费用——修理费   4 000

    贷:银行存款   4 000

（二）水电费和其他费用等支出业务的处理

生产过程中的水电消耗、机物料消耗、劳保用品消耗等需要根据使用部门计入成本或费用中。

【例 4-18】澄江园艺用品制造有限公司本月生产经营消耗水费 2 800 元、电费 4 025 元,取得增值税专用发票可抵扣进项税额 852.25 元,款项已通过银行扣除。经分配,生产车间分摊水电费 5 250 元,行政管理部门分摊水电费 1 575 元,编制会计分录如下:

借:制造费用——水电费   5 250

    管理费用——水电费   1 575

    应交税费——应交增值税(进项税额)   852.25

    贷:银行存款   7 677.25

【例 4-19】企业月末摊销生产车间租金(已在年初支付),本月负担 1 800 元。

在该笔经济业务中,由于租金已在年初支付,即实际支付时已计入"长期待摊费用"账户,对于本月应当承担的租金部分,应从"长期待摊费用"账户的贷方转入"制造费用"账户的借方。编制会计分录如下:

借:制造费用——租费   800

    贷:长期待摊费用——车间租金   800

【例 4-20】企业在筹建期间发生开办费 28 000 元,以银行存款支付。

长期待摊费用是指企业已经支出,但摊销期限在一年以上(不含一年)的各项费用,包括开办费、租入固定资产的改良支出以及摊销期在一年以上的固定资产大修理支出、股票发行费用等。

企业筹建期间发生的费用计入"长期待摊费用——开办费"科目,并按规定在企业正式经营开始的五年内分期平均摊销。但是如果费用金额不大,也可以一次性摊销进有关的费用账户。

该笔开办费发生时,编制会计分录如下:

| 借：长期待摊费用——开办费 | 28 000 | |
| 贷：银行存款 | | 28 000 |

正式投入生产经营当月，一次摊销上述开办费 28 000 元，编制分录如下：

| 借：管理费用——开办费 | 28 000 | |
| 贷：长期待摊费用——开办费 | | 28 000 |

五、制造费用的归集与分配

企业发生的间接的生产费用应先在"制造费用"账户进行归集，然后再分配。如果生产车间只生产一种产品，归集的制造费用可直接计入该种产品成本。在生产多种产品的情况下，当制造费用无法明确归属于某一产品时，就不能直接计入产品成本，而需要按照一定的方法，分配计入产品成本。分配标准主要有生产工人工资、生产工时、机器工时等，计算公式如下：

二维码 4-12

制造费用分配率＝制造费用总额÷生产工时（或工人工资、机器工时）之和

某产品分摊的制造费用＝该产品的分配标准×制造费用分配率

【例 4-21】某企业本月发生与归集的制造费用如图 4-2 所示。

借方	制造费用	贷方
(21)	31 125.00	
(22)	6 200.00	
(23)	1 127.66	
(24)	2 700.00	
(25)	5 909.83	
(27)	5 250.00	
(29)	800.00	
本期发生额	53 112.49	

图 4-2　某企业本月发生与归集的制造费用

月末企业财务人员以生产工时为标准分配制造费用，甲产品生产工时为 2 900 小时，乙产品生产工时为 1 100 小时，则：

制造费用分配率＝53 112.49÷（2 900＋1 100）≈13.2781

本月甲产品应负担的制造费用＝13.278 1×2 900＝38 506.49（元）

本月乙产品应负担的制造费用＝13.278 1×1 100＝14 605.91（元）

编制会计分录如下：

借：生产成本——甲产品	38 506.49	
——乙产品	14 605.91	
贷：制造费用		53 112.40

六、完工产品生产成本的计算与结转

产品成本通常由直接材料、直接人工和制造费用构成。

通过对上述生产过程经济业务的核算，我们完成了生产费用的归集与分配，月末如有完

工入库的产品,我们应根据生产成本明细账编制产品成本计算单,确定其总成本和单位成本,计算公式如下:

二维码 4-13

完工产品总成本＝月初在产品成本＋本月生产费用－月末在产品成本

完工产品单位成本＝完工产品成本÷完工入库产品数量

按其所列产成品实际成本,借记"库存商品",贷记"生产成本"。

【例 4-22】澄江园艺用品制造有限公司产品生产成本明细如图 4-3、图 4-4 所示。

借方	生产成本——甲产品	贷方
(21)	45 864.00	
(22)	48 750.00	
(23)	7 141.65	
(30)	38 506.49	
本期发生额	140 262.14	

图 4-3 澄江园艺用品制造有限公司甲产品生产成本

借方	生产成本——乙产品	贷方
(21)	63 640.00	
(22)	32 500.00	
(23)	5 029.15	
(30)	14 605.91	
本期发生额	115 775.06	

图 4-4 澄江园艺用品制造有限公司乙产品生产成本

根据生产成本明细账记录和车间交付的完工产品入库数量编制产品成本计算单,如表 4-9、表 4-10 所示。

表 4-9 产品成本计算单

产品名称:甲产品　　　　　　　　　　　　××××年 12 月 31 日

项　目	数量/台	直接材料/元	直接人工/元	制造费用/元	合计/元
本月费用		45 864.00	55 891.65	38 506.49	140 262.14
完工产品成本	135	45 864.00	55 891.65	38 506.49	140 262.14
单位成本		339.74	414.01	285.23	1 038.98
月末在产品成本		—	—	—	—

制单:马军

表 4-10 产品成本计算单

产品名称:乙产品　　　　　　　　　　　　××××年 12 月 31 日

项　目	数量/台	直接材料/元	直接人工/元	制造费用/元	合计/元
本月费用		63 640.00	37 529.15	14 605.91	115 775.06
完工产品成本	230	63 640.00	37 529.15	14 605.91	115 775.06

续 表

项 目	数量/台	直接材料/元	直接人工/元	制造费用/元	合计/元
单位成本		276.70	163.17	63.50	503.37
月末在产品成本		—	—	—	—

制单:马军

根据表4-9、表4-10编制会计分录如下:

借:库存商品——甲产品　　　　　　　　　　　　　　　140 262.14

　　　　　——乙产品　　　　　　　　　　　　　　　115 775.06

　　贷:生产成本——甲产品　　　　　　　　　　　　　　140 262.14

　　　　　　　——乙产品　　　　　　　　　　　　　　115 775.06

任务4 销售过程业务的核算

销售过程是企业资金循环周转的第三阶段,是企业产品价值和经营成果的实现过程。该过程核算的业务内容包括:确认销售收入的实现;办理与购买单位的货款结算;结转销售成本;支付销售费用;核算销售税金及附加。

一、设置会计账户

(一)"主营业务收入"账户

"主营业务收入"账户核算企业根据收入准则确认的销售商品、提供劳务等主营业务的收入,属于损益类账户。其贷方登记本期实现的主营业务收入;借方登记发生销售退回或者销售折让时应冲减的本期产品销售收入以及期末转入"本年利润"账户的主营业务收入转出数;期末结转后应无余额。

(二)"主营业务成本"账户

"主营业务成本"账户核算企业根据收入准则确认销售商品、提供劳务等主营业务收入时应结转的成本,属于损益类账户。其借方登记从"库存商品"账户转入的本期已销售商品的生产成本;贷方登记期末转入"本年利润"账户的本期已销商品生产成本的转出数;期末结转后无余额。

(三)"税金及附加"账户

"税金及附加"账户核算企业经营活动发生的消费税、城市维护建设税、资源税、土地使用税、车船使用税、印花税、房产税和教育费附加等相关税费,属于损益类账户。其借方登记依法计算出的本期应负担的各种销售税金;贷方登记期末转入"本年利润"账户的各种销售税金转出数;期末结转后无余额。

（四）"销售费用"账户

"销售费用"账户核算企业销售商品和材料、提供劳务的过程中发生的各种费用，包括保险费、包装费、展览费和广告费、商品维修费、预计产品质量保证损失、运输费、装卸费以及为销售本企业商品而专设的销售机构(含销售网点、售后服务网点等)的职工薪酬、业务费、折旧费等经营费用，属于损益类账户。其借方登记企业所发生的各种销售费用；贷方登记企业期末结转当期损益的销售费用；期末结转后无余额。该账户应按费用项目进行明细核算。

（五）"应收账款"账户

"应收账款"账户核算企业因销售产品、提供劳务等经营活动应收取的款项，属于资产类账户。其借方登记由于销售业务而发生的应收款项；贷方登记已经收回的应收款项；期末借方余额表示尚未收回的应收款项，如为贷方余额，则反映企业预收的款项。该账户应按债务人进行明细核算。

（六）"预收账款"账户

"预收账款"账户核算企业按照合同规定向购货单位预收的款项，属于负债类账户。其贷方登记企业预收的款项；借方登记企业用商品或劳务抵偿的预收账款金额；期末贷方余额，反映企业向购货单位预收的款项，如为借方余额，则反映应由购货单位补付的款项。该账户应按购货单位进行明细核算。

不单独设置"预收账款"账户的企业，预收的账款可反映在"应收账款"账户中。

（七）"其他业务收入"账户

"其他业务收入"账户核算企业除主营业务收入以外的其他销售或其他业务的收入，如材料销售、技术转让、代购代销、包装物出租等实现的收入。其贷方登记企业实现的其他业务收入；借方登记期末转入"本年利润"账户的其他业务收入转出数；期末结转后应无余额。

（八）"其他业务成本"账户

"其他业务成本"账户核算企业除主营业务活动以外的其他经营活动所发生的支出，包括销售材料的成本、出租固定资产的累计折旧、出租无形资产的累计摊销、出租包装物的成本或摊销额等。其借方登记企业发生的其他业务成本；贷方登记期末转入"本年利润"账户的其他业务成本转出数；期末结转后应无余额。

二、销售商品、实现销售收入业务的处理

商品销售收入是企业在销售商品等日常活动中所形成的经济利益的总流入。收入的确认会导致企业资产的增加或负债的减少。在收入的计算上，商品销售收入=本期销售商品的数量×单位售价(不含税)，同时按照国家税法的规定交纳增值税等。

二维码 4-14

【例 4-23】12 月 12 日,澄江园艺用品制造有限公司向杭州华丰公司销售甲产品 200 台,售价为 1 800 元/台,共计 360 000 元,增值税税率为 13%,计 46 800 元,代垫运杂费 2 000 元,已办妥委托收款手续。

销售甲产品实现的收入＝销售数量×单价＝200×1 800＝360 000(元)

增值税税款＝不含税销售收入×增值税税率＝360 000×13%＝46 800(元)

这笔业务发生,一方面企业的收入增加,计入"主营业务收入"账户的贷方,向购货方收取的增值税税款,贷记"应交税费——应交增值税(销项税额)"账户;另一方面企业尚未收回销售货款,应收款项增加,借记"应收账款"账户。另外,企业代垫的应该由购货方承担的运费 2 000 元,也应计入"应收账款"账户的借方,所以应收账款共计 408 800[买价(360 000)＋税款(46 800)＋代垫运费(2 000)]元。编制会计分录如下:

借:应收账款——杭州华丰　　　　　　　　　　　　　　　408 800

　贷:主营业务收入——甲产品　　　　　　　　　　　　　360 000

　　　应交税费——应交增值税(销项税额)　　　　　　　　46 800

　　　银行存款　　　　　　　　　　　　　　　　　　　　2 000

【例 4-24】12 月 16 日,澄江园艺用品制造有限公司向江苏园艺公司销售乙产品 120 台,单价 950 元,增值税税率为 13%,增值税专用发票已开,并已发出商品,收到转账支票一张并已送存银行。

销售乙产品实现的收入＝120×950＝114 000(元)

增值税税额＝114 000×13%＝14 820(元)

编制会计分录如下:

借:银行存款　　　　　　　　　　　　　　　　　　　　　128 820

　贷:主营业务收入——乙产品　　　　　　　　　　　　　114 000

　　　应交税费——应交增值税(销项税额)　　　　　　　　14 820

【例 4-25】12 月 15 日,澄江园艺用品制造有限公司接银行的收账通知,南京园艺公司前欠的货款 80 000 元已经收回。

这笔业务发生,一方面企业银行存款增加,另一方面债权减少,贷记"应收账款"账户。编制会计分录如下:

借:银行存款　　　　　　　　　　　　　　　　　　　　　80 000

　贷:应收账款——南京园艺　　　　　　　　　　　　　　80 000

【例 4-26】12 月 19 日,澄江园艺用品制造有限公司收到杭州华丰公司汇来的货款总计 408 800元。

销售甲产品未收货款反映在"应收账款"账户的借方,在购货方杭州华丰公司收到货物确认付款后,企业银行存款增加,债权"应收账款"减少,编制会计分录如下:

借:银行存款　　　　　　　　　　　　　　　　　　　　　408 800

　贷:应收账款——杭州华丰　　　　　　　　　　　　　　408 800

【例 4-27】12 月 18 日,根据合同规定,澄江园艺用品制造有限公司预收宁波华夏公司购买乙产品的订金 15 000 元。

企业按照合同规定向购货单位预收的款项 15 000 元属于负债,贷记"预收账款"账户,同时款项已存入银行,借记"银行存款"账户,编制会计分录如下:

借：银行存款 15 000

 贷：预收账款——宁波华夏 15 000

12月20日，澄江园艺用品制造有限公司向宁波华夏公司发出乙产品100台，开出的增值税专用发票注明：单价950元/台，增值税税率13%。

销售乙产品实现的收入＝100×950＝95 000（元）

增值税税款＝95 000×13%＝12 350（元）

这笔业务发生，澄江园艺用品制造有限公司应该向宁波华夏公司收取的款项共计107 350元，已预收的15 000元以负债性质反映在"预收账款"账户的贷方，发出商品实现收入后，债权增加107 350元，计入"预收账款"账户的借方，编制会计分录如下：

借：预收账款——宁波华夏 107 350

 贷：主营业务收入——乙产品 95 000

  应交税费——应交增值税（销项税额） 12 350

根据12月18日、20日发生额情况，"预收账款"账户增减变动后，借方余额为92 350元，表明澄江园艺用品制造有限公司应再向宁波华夏公司收回货款92 350元（见图4-5）。

借方	预收账款——宁波华夏		贷方
（20日）	107 350	（18日）	15 000
（余额）	92 350		

图4-5 "预收账款——宁波华夏"账户

12月22日，收回宁波华夏公司补付的余款，编制会计分录如下：

借：银行存款 92 350

 贷：预收账款——宁波华夏 92 350

【例4-28】12月20日，澄江园艺用品制造有限公司销售给泰德公司甲产品100台，开具的增值税专用发票注明：单价1 847.79元，价款184 779元，增值税24 021元，收到泰德签发的期限为3个月的银行承兑汇票一张（见图4-6）。

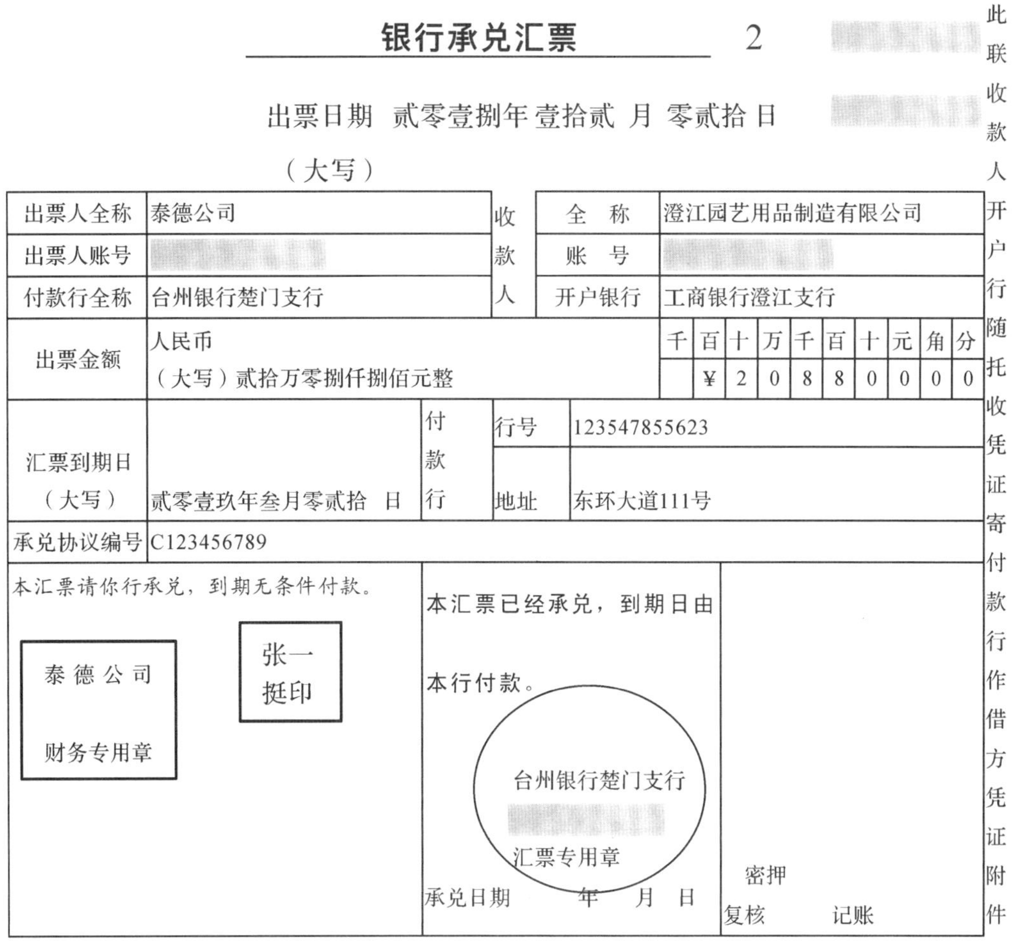

银行承兑汇票　2

出票日期　贰零壹捌年壹拾贰 月 零贰拾 日
（大写）

此联收款人开户行随托收凭证寄付款行作借方凭证附件

出票人全称	泰德公司	收款人	全　称	澄江园艺用品制造有限公司
出票人账号			账　号	
付款行全称	台州银行楚门支行		开户银行	工商银行澄江支行
出票金额	人民币（大写）贰拾万零捌仟捌佰元整		千 百 十 万 千 百 十 元 角 分	¥ 2 0 8 8 0 0 0 0
汇票到期日（大写）	贰零壹玖年叁月零贰拾 日	付款行	行号	123547855623
			地址	东环大道111号
承兑协议编号	C123456789			

本汇票请你行承兑，到期无条件付款。
泰德公司财务专用章　张一挺印

本汇票已经承兑，到期日由本行付款。
台州银行楚门支行汇票专用章
承兑日期　年　月　日

密押
复核　记账

图 4-6　银行承兑汇票

银行承兑汇票是由在承兑银行开立存款账户的存款人出票，向开户银行申请并经银行审查同意承兑的，保证在指定日期无条件支付确定的金额给收款人或持票人的票据。企业收到银行承兑汇票按其票面金额计入“应收票据”账户的借方。编制会计分录如下：

借：应收票据　208 800
　贷：主营业务收入——甲产品　184 779
　　应交税费——应交增值税（销项税额）　24 021

三、销售材料实现收入等其他业务收入的处理

其他业务收入是指企业除主营业务收入以外的其他销售或其他业务的收入，如材料销售、技术转让、代购代销、包装物出租等实现的收入，一般设置“其他业务收入”账户进行核算。

【例 4-29】12 月 21 日，正日模具销售多余材料锰钢 500 千克，单价为 12 元，按 16%计算应交增值税 960 元，收到转账支票一张并已送存银行。

出售材料的业务，按材料售价确认其他业务收入，按照税法规定计算应交增值税。编制

会计分录如下:

借:银行存款　　　　　　　　　　　　　　　　　　　　　　6 960
　　贷:其他业务收入——材料锰钢　　　　　　　　　　　　　　6 000
　　　　应交税费——应交增值税(销项税额)　　　　　　　　　　960

【例 4-30】经查,企业一栋闲置房屋出租,本月应收租金 5 000 元,合同已签,款项未收,未予记录,期末予以调整。

对于该笔经济业务,编制会计分录如下:

借:其他应收款　　　　　　　　　　　　　　　　　　　　　5 000
　　贷:其他业务收入——房屋租金收入　　　　　　　　　　　　5 000

【例 4-31】查账表明,企业去年的一笔包装物押金 2 000 元已经逾期,经批准予以没收。

包装物押金取得时反映在"其他应付款——包装物押金"账户的贷方,先予以注销,假设不考虑增值税,编制会计分录如下:

借:其他应付款——包装物押金　　　　　　　　　　　　　　2 000
　　贷:其他业务收入　　　　　　　　　　　　　　　　　　　　2 000

四、销售费用及销售税费的账务处理

(一)销售费用的账务处理

销售费用是指企业销售商品和材料、提供劳务的过程中发生的各种费用,包括企业在销售商品过程中发生的保险费、包装费、展览费和广告费、商品维修费、预计产品质量保证损失、运输费、装卸费以及为销售本企业商品而专设的销售机构(含销售网点、售后服务网点等)的职工薪酬、业务费、折旧费等经营费用。企业发生的与专设销售机构相关的固定资产修理费用等后续支出也属于销售费用。

【例 4-32】12 月 3 日,某企业通过网上银行转账支付给某网站广告费 100 000 元。

编制会计分录如下:

借:销售费用——广告费　　　　　　　　　　　　　　　　100 000
　　贷:银行存款　　　　　　　　　　　　　　　　　　　　　100 000

【例 4-33】12 月 14 日,某出口公司在展销会场以现金支付运输费和装卸费 800 元。

编制会计分录如下:

借:销售费用——展销费　　　　　　　　　　　　　　　　　　800
　　贷:库存现金　　　　　　　　　　　　　　　　　　　　　　800

(二)销售税费的计算

1.增值税一般纳税人应纳税额的计算

关于增值税的计算与申报等内容会在"税务会计"课程中详细介绍,在此仅对一般纳税人的期末应纳增值税计算与结转做一简单说明。

一般纳税人在每个月月末需根据当期销售和购进物资的业务,核算当期应纳增值税。当期应纳增值税的计算公式为

二维码 4-15

当期应纳增值税税额＝当期增值税销项税额－当期增值税进项税额
－上期尚未抵扣的增值税进项税额

当期增值税销项税额小于当期增值税进项税额时,差额留待下期继续抵扣,无须单独编制结转分录。

当期增值税销项税额大于当期增值税进项税额时,本期有应交而未交的增值税税额,就其差额编制如下会计分录:

借:应交税费——应交增值税(转出未交增值税)

　　贷:应交税费——未交增值税

【例4-34】表4-11是某企业12月应交增值税明细。

表4-11　应交税费——应交增值税明细账

单位:元

××××年		凭证号	摘要(略)	借　方			贷　方			借或贷	余　额
月	日(略)			进项税额	转出未交增值税	(略)	销项税额	转出多交增值税	(略)		
12		9					4 250.00				
		10					86 700.00				
		11					34 000.00				
		12					51 000.00				
		13					43 605.00				
		14					13 600.00				
		1		85 070.00							
		4		17 210.00							
		5		13 000.00							
		6		109 010.00							
		7		340.00							

从表4-11中可见,本月增值税销项税额＝233 155(元),本月增值税进项税额＝224 630(元),则

本月应纳增值税税额＝233 155－224 630＝8 525(元)

即:本月应纳增值税税额8 525元于下月初交纳,形成负债。

编制会计分录如下:

借:应交税费——应交增值税(转出未交增值税)　　　　　　　　　　　8 525

　　贷:应交税费——未交增值税　　　　　　　　　　　　　　　　　　　　　8 525

2.消费税的计算

如果企业销售的是应税消费品,根据税法规定需在对应税消费品普遍征收增值税的基础上,再征收消费税。目前国家对14类应税消费品征收消费税,采用从价计税、从量计税和复合计税三种方法。从价计税应税消费品计税公式如下:

$$应交消费税税额＝不含税售价×消费税税率$$

计算确认的消费税税额,一方面借记"税金及附加"账户,另一方面贷记"应交税费——应交消费税"账户。

【例 4-35】兰心化妆品有限公司销售高档化妆品,实现收入 129 500 元(不含税),适用消费税税率 30％。

本月应交消费税税额＝129 500×30％＝38 850(元)

编制会计分录如下:

借:税金及附加——消费税   38 850
　　贷:应交税费——应交消费税   38 850

3. 城市维护建设税和教育费附加的计算

城市维护建设税是国家对交纳增值税、消费税的单位和个人,以其实际交纳的税额为计税依据而征收的一种税。

$$当期应交城市维护建设税＝(当期实际交纳的增值税、消费税)×税率$$

其中,市区税率为 7％,县城、镇税率为 5％,其他地区的税率为 1％。

教育费附加是对交纳增值税、消费税的单位和个人,以其实际交纳的税额为计税依据而征收的一种附加费,征收率为 3％。

$$当期应交的教育费附加＝(当期实际交纳的增值税、消费税)×征收率$$

计算、确认的税费借记"税金及附加"账户,同时贷记"应交税费"账户。

【例 4-36】接例 4-34 业务,计算当期城市维护建设税、教育费附加及地方教育费附加,编制税费计算表,如表 4-12 所示。

表 4-12　城市维护建设税、教育费附加及地方教育费附加计算表

税费名称	所属时期	计税依据/元	税率/％	税(费)额/元
城市维护建设税			7	596.75
教育费附加	2018 年 12 月	8 525*	3	255.75
地方教育费附加**			2	170.50
合　计				1 023.00

注:* 计税依据(8 525)为当期的增值税

　　** 实务中,某些地方需计提地方教育费附加,征收率为 2％

根据表 4-12 编制会计分录如下:

借:税金及附加——城市维护建设税、教育费附加及地方教育费附加   1 023.00
　　贷:应交税费——应交城市维护建设税   596.75
　　　　　　　　——教育费附加   255.75
　　　　　　　　——地方教育费附加   170.50

五、商品销售成本的计算与结转

企业以付出产品为代价取得销售收入,已销售产品的生产成本就是销售成本。企业实现销售确认收入,仓库保管员根据实际出库存货的数量填写产品出库单或材料出库单并交

由会计部门,使其据以入账。会计部门在月末把若干张出库单编制成存货出库汇总表,确定已售存货的成本,然后根据汇总表编制记账凭证。已售产品或者材料入库时成本的结转计算公式如下:

二维码 4-16

$$本期产品销售成本 = 本期产品销售数量 \times 单位产品成本$$

$$本期材料销售成本 = 本期材料销售数量 \times 单位材料成本$$

产品(或原材料)销售使库存商品(或原材料)减少,贷记"库存商品"(或"原材料")账户;同时也使应从销售收入中获得补偿的已销产品(或材料)的成本增加,因此借记"主营业务成本"(或"其他业务成本")账户。

二维码 4-17

【例 4-37】某企业 12 月末根据本月销售产品出库单、材料出库单,编制存货出库汇总表,如表 4-13 所示。

表 4-13 存货出库汇总表

××××年 12 月 31 日

存货名称	销售数量	计量单位	单位成本/元	总成本/元
甲产品	300	台	1 014.82	304 446
乙产品	200	台	502.00	100 400
锰 钢	500	千克	10.20	5 100
合 计	—	—	—	409 946

根据存货出库汇总表编制会计分录如下:

已售产品成本结转:

借:主营业务成本——甲产品   304 446

         ——乙产品   100 400

   贷:库存商品——甲产品   304 446

         ——乙产品   100 400

对外销售材料成本结转:

借:其他业务成本——锰钢   5 100

   贷:原材料——锰钢   5 100

任务5 利润形成和分配业务的核算

利润是企业在一定期间的经营成果,即收入与成本费用相抵后的差额。收入大于成本费用,产生利润;收入小于成本费用,则产生亏损。

一、设置会计账户

(一)"本年利润"账户

"本年利润"账户核算企业当年实现的净利润(或发生的净亏损),属于所有者权益类账户。其贷方登记期末从各收入类账户转入的本期取得的各项收入,借方登记期末从各支出类账户转入的本期发生的各项费用。如为贷方余额,表示本期实现的利润金额;如为借方余额,则表示企业本期发生的亏损金额。在本年度内,余额保留在本账户,不予结转,表示到本月止本年累积已实现的利润或发生的亏损。年末,应将该账户余额转入"利润分配——未分配利润"账户,结转后该账户无余额。

(二)"所得税费用"账户

"所得税费用"账户核算企业确认的应从当期利润总额中扣除的所得税费用,属于损益类账户。其借方登记企业当期应当交纳的所得税费用,贷方登记期末转入"本年利润"账户金额,结转后无余额。

(三)"利润分配"账户

"利润分配"账户核算企业利润的分配(或亏损的弥补)和历年分配(或弥补)后的积存余额,属于所有者权益类账户。其贷方登记企业本年实现的税后净利润转入的金额,借方登记转入的全年亏损金额或按照规定实际分配的利润金额。期末余额若在借方,表示企业未弥补亏损金额;若在贷方,则表示尚未分配的利润金额。该账户应当分别设置"提取法定盈余公积""提取任意盈余公积""应付现金股利或利润"和"未分配利润"等进行明细分类核算。年度终了,企业应将全年实现的净利润自"本年利润"科目转入本科目的未分配利润科目;同时,将"利润分配"科目其他明细科目的余额转入本科目的"未分配利润"明细科目。结转后,本科目除"未分配利润"明细科目外,其他明细科目应无余额。

(四)"盈余公积"账户

"盈余公积"账户核算企业从净利润中提取的盈余公积,属于所有者权益类账户。其贷方登记提取的盈余公积;借方登记盈余公积因使用而减少的数额,如弥补亏损、转增资本等。期末贷方余额,表示企业提取的盈余公积结存金额。

(五)"应付股利"账户

"应付股利"账户核算企业向投资者分配的现金股利或利润,属于负债类账户。其贷方登记按照通过的股利分配政策应当支付的利润或者现金股利,借方登记实际支付的金额。期末贷方余额,表示企业应当支付而实际还没有支付的金额。

二、利润的形成

利润是指企业在一定会计期间的经营成果。利润包括收入减去费用后的净额、直接计入当期损益的利得和损失等。利得是指由企业非日常活动形成的、会导致所有者权益增加的、与所有者投入资本无关的经济利益的流入。损失是指由企业非日常活动形成的、会导致所有者权益减少的、与向所有者分配利润无关的经济利益的流出。

二维码 4-18

（一）利润的三个主要层次

1. 营业利润

营业利润是企业利润的主要来源，用公式表示如下：

营业利润＝营业收入－营业成本－税金及附加－管理费用－销售费用

－财务费用－资产减值损失＋投资收益（－投资损失）

＋公允价值变动收益（－公允价值变动损失）

其中

营业收入＝主营业务收入＋其他业务收入

营业成本＝主营业务成本＋其他业务成本

2. 利润总额

利润总额即税前利润，又称会计利润，用公式表示如下：

利润总额＝营业利润＋营业外收入－营业外支出

营业外收支是指企业发生的与日常活动无直接关系的各项利得和损失，通过设置"营业外收入"和"营业外支出"账户进行核算。

"营业外收入"账户核算企业发生的与经营活动无直接关系的各项净收入，主要包括处置非流动资产利得、非货币性资产交换利得、债务重组利得、罚没利得、确实无法支付而按规定程序经批准后转作营业外收入的应付款项等，属于损益类账户。其贷方登记企业发生的各项营业外收入，借方登记期末转入"本年利润"账户贷方的营业外收入转出数，期末结转后无余额。

"营业外支出"账户核算企业发生的与经营活动无直接关系的各项净支出，包括处置非流动资产损失、非货币性资产交换损失、债务重组损失、罚款支出、捐赠支出、非常损失等，属于损益类账户。其借方登记发生的各项营业外支出，贷方登记期末转入"本年利润"账户借方的营业外支出转出数，期末结转后无余额。

3. 净利润

净利润即企业的税后利润，是利润总额扣除所得税费用后的净额，用公式表示如下：

净利润＝利润总额－所得税费用

（二）利润的账务处理

月末，将各收入类、利得类账户贷方发生额合计数结转至"本年利润"账户的贷方，结转分录如下：

借：主营业务收入

　　其他业务收入

　　投资收益

　　营业外收入

　贷：本年利润

将各费用类、损失类账户借方发生额合计数结转至"本年利润"账户的借方，结转分录如下：

借：本年利润

贷:主营业务成本

税金及附加

销售费用

管理费用

财务费用

其他业务成本

营业外支出

【例 4-38】12 月 10 日,企业收到购货单位的违约金 6 000 元,已存入银行。

企业收取的各种形式的赔偿金、违约金,并不是企业经营活动所带来的收入。取得营业外收入时根据营业外收入的形式,借记"银行存款""库存现金"等科目,贷记"营业外收入"科目。此笔经济业务编制会计分录如下:

借:银行存款   6 000

 贷:营业外收入——罚没利得   6 000

【例 4-39】12 月 18 日,企业因未及时交纳税款,产生税收滞纳金 19.15 元,已从银行账户扣除。

此项支出属于营业外支出的内容,编制会计分录如下:

借:营业外支出——税收滞纳金   19.15

 贷:银行存款   19.15

【例 4-40】企业 12 月损益类账户发生额如表 4-14 所示。

表 4-14 损益类账户发生额

单位:元

账户名称	借方发生额	贷方发生额
主营业务收入		749 000.00
其他业务收入		6 000.00
主营业务成本	404 846.00	
其他业务成本	5 100.00	
税金及附加	1 687.41	
财务费用	3 899.88	
管理费用	51 300.50	
销售费用	133 250.05	

12 月利润计算如下:

营业利润=(7490 000.00+6 000.00)-(404 846.00+5 100.00)-1 687.41-3 899.88-51 300.50-133 250.05=154 916.16(元)

接例 4-38、例 4-39 业务,则利润总额计算如下:

利润总额=154 916.16+6 000.00-19.15=160 897.01(元)

根据上述计算结果,企业 12 月利润总额为 160 897.01 元。账务处理结果如下:

收入、利得类账户贷方发生额合计数结转编制会计分录如下:

借：主营业务收入   749 000.00

    其他业务收入   6 000.00

    营业外收入   6 000.00

  贷：本年利润   761 000.00

费用、损失类账户借方发生额合计数结转编制会计分录如下：

借：本年利润   600 102.99

  贷：主营业务成本   404 846.00

    税金及附加   1 687.41

    销售费用   133 250.05

    管理费用   51 300.50

    财务费用   3 899.88

    其他业务成本   5 100.00

    营业外支出   19.15

三、所得税费用的核算

按照我国税法规定，企业应向国家交纳企业所得税。企业所得税法定税率为25%，实行按年计算、分月或分季预缴、年终汇算清缴、多退少补的征纳方法。自年度终了之日起5个月内，企业向税务机关报送年度企业所得税纳税申报表，并汇算清缴，结清应交应退税款。

二维码 4-19

（一）分月（或分季）预缴

月末（或季末）计算本月（或本季）应交的所得税税额，次月15日前交纳进国库，计算公式如下：

$$预缴所得税税额＝本月（或本季）利润×所得税税率$$

预缴所得税使企业负担的税费增加，借记"所得税费用"账户；同时也使应交而未交的税费增加，贷记"应交税费——应交所得税"账户。

【例4-41】接例4-40，企业所得税实行按月预缴，适用税率为25%。根据上述计算结果，12月利润总额为160 897.01元，则

本月应交所得税＝160 897.01×25%≈40 224.25（元）

净利润＝160 897.01－40 224.25＝120 672.76（元）

编制会计分录如下：

借：所得税费用   40 224.25

  贷：应交税费——应交所得税   40 224.25

"所得税费用"账户属于损益类账户，期末应将发生额合计数结转至"本年利润"账户的借方，结转后无余额。将上述所得税费用进行结转，编制会计分录如下：

借：本年利润   40 224.25

  贷：所得税费用   40 224.25

计算结果表明企业本月实现的净利润为120 672.76元。

（二）年终汇算清缴

年度终了，根据《中华人民共和国企业所得税法》有关规定，进行企业所得税汇算清缴。以税前利润为基础计算应纳税所得额，其计算公式为

$$应纳税所得额＝会计利润±税法规定应调整的金额$$

现假设澄江园艺用品制造有限公司应纳税所得额与会计利润相等，11月末"本年利润"账户的贷方余额为 1 097 500.00 元（即1—11月实现的净利润），本月新增利润 120 672.76 元，全年的净利润为 1 218 172.76 元。"本年利润"账户12月增减变化情况如图4-7所示。

借方		本年利润	贷方	
			期初余额	1 097 500.00
(48)	600 102.99		(48)	761 000.00
(49)	40 224.25			
本期发生额合计	640 327.24		本期发生额合计	761 000.00
			期末余额	1 218 172.76

图 4-7 "本年利润"账户

四、利润分配与结转

（一）利润分配的顺序

税后净利润属于企业的净收益，年度终了，应按规定的顺序进行分配。企业实现的税后净利润，应按照下列顺序进行分配：

（1）弥补在税前利润弥补亏损之后仍存在的亏损。

（2）提取法定盈余公积。按照有关规定，企业按全年净利润的10%计算并提取法定盈余公积。

（3）提取任意盈余公积。企业可以根据股东大会的决议提取任意盈余公积，计提的基数与比例由企业自行决定。

（3）向投资者分配利润。企业可以根据股东大会或类似机构的决议向投资者分配现金股利或利润。

（二）利润分配

【例 4-42】接例4-41计算结果，公司按规定以10%的比例从净利润中提取法定盈余公积。

二维码 4-20

企业本年度净利润为 1 218 172.76 元，约提取法定盈余公积 121 817.28 元，这笔经济业务的发生，使企业的已分配利润增加 121 817.28 元，未分配利润减少，应借记"利润分配——提取法定盈余公积"账户；同时，企业盈余公积来自盈利的积累增加 121 817.28 元，应贷记"盈余公积"账户。编制会计分录如下：

借：利润分配——提取法定盈余公积   121 817.28

    贷：盈余公积——法定盈余公积   121 817.28

【例4-43】经股东大会决定,企业向投资者分配现金股利300 000.00元。

这笔经济业务的发生,使企业的已分配利润增加300 000.00元,未分配利润减少,借记"利润分配——应付现金股利"账户;同时,分配的利润尚未支付给投资者,形成负债,应贷记"应付股利"账户。编制会计分录如下:

借:利润分配——应付现金股利　　　　　　　　　　　　300 000.00
　　贷:应付股利　　　　　　　　　　　　　　　　　　　　　300 000.00

(三)年终利润及利润分配结转

二维码4-21

年度终了,结转本年实现的净利润,应借记"本年利润"账户,贷记"利润分配——未分配利润",如为净亏损,则做相反会计分录。同时,将"利润分配"科目下其他明细科目的余额转入"利润分配"科目的"未分配利润"明细科目。结转后,除"未分配利润"明细科目外,"利润分配"科目的其他明细科目均应无余额。

【例4-44】承接上述业务计算结果,结转全年累计实现的净利润1 218 172.76元。编制会计分录如下:

借:本年利润　　　　　　　　　　　　　　　　　　　　1 218 172.76
　　贷:利润分配——未分配利润　　　　　　　　　　　　　1 218 172.76

【例4-45】将"利润分配"账户的明细账户(除"未分配利润")余额从其贷方转销,转入"利润分配——未分配利润"账户的借方。编制会计分录如下:

借:利润分配——未分配利润　　　　　　　　　　　　　　421 817.28
　　贷:利润分配——提取法定盈余公积　　　　　　　　　　121 817.28
　　　　　　　　——应付现金股利　　　　　　　　　　　　300 000.00

结转后的"利润分配——未分配利润"账户记录如图4-8所示。

借方		利润分配——未分配利润	贷方	
			(52)	1 218 172.76
(53)	421 817.28			
本期发生额合计	421 817.28		本期发生额合计	1 218 172.76
			期末余额	796 355.48

图4-8 "利润分配——未分配利润"账户

从该账户记录可以看出,企业本年度实现的净利润为1 218 172.76元,本年度已分配利润为421 817.28元,未分配利润为796 355.48元,即留待下年度可供分配的利润为796 355.48元。

■■■ 思考题

1.企业资金筹集的方式有哪些?不同的筹资方式分别用到哪些会计账户?如何编制相应的会计分录?

2.物资供应业务具体包括哪些?一般涉及哪些会计账户?如何编制会计分录?

3.外购存货的实际成本包括哪些?

4.生产过程业务的具体核算内容有哪些?一般涉及哪些会计账户?

5.产品生产成本的结转对应哪些会计账户？具体会计分录是什么？

6.销售收入实现、结转已售成本、计算相关税费、发生相关销售费用时如何编制相应的会计分录？

7.利润形成及分配时涉及哪些会计账户？相关会计分录如何编制？

■■■ 自测题

二维码 4-22

项目五

会计账簿登记

能力目标

    1.会根据企业实际制定账簿管理制度；

    2.能完成企业账套的初始设置；

    3.能根据会计凭证准确登记各类会计账簿；

    4.能采用合适的方法对错账进行更正。

知识目标

    1.熟悉期初建账要点；

    2.掌握账务处理程序的特点和适用范围；

    3.掌握各类会计账簿的特点及登记规则；

    4.掌握对账和错账更正的处理要点。

任务 1　建账

一、会计账簿概述

二维码 5-1

（一）会计账簿的概念与作用

    会计账簿是由一定格式的账页组成的，以审核无误的会计凭证为依据，全面、系统、连续地记录各项经济业务的簿籍。它是编制财务报表的基础，是连接会计凭证和财务报表的中间环节。

    会计账簿通过各个具体的账户记录经济业务，每一账页就是账户的具体存在形式和载体，所以会计账簿与账户是形式和内容的关系。

    会计账簿的作用主要包括以下两个方面。

    （1）会计账簿分类记载、存储和汇总会计信息。会计账簿把分散在会计凭证上的会计信息加以集中和分类汇总,通过计算发生额及余额,为管理部门提供系统、完整的会计信息。

(2)会计账簿既是汇集、加工会计信息的工具,也是积累、储存经济活动资料的数据库,为会计报表的及时准确编制提供了依据和保障。

(二)会计账簿的种类

会计账簿因其形式、用途、内容和登记方法不同而种类多样,为便于使用各类账簿,可按如下标准进行分类(见表 5-1)。

表 5-1　会计账簿的种类

依　据	类　别	释　义
按外形特征分类	订本式账簿	是将账页装订成本子的账簿。它是指在启用前按顺序对账页编号,并装订成册的账簿。 优点:能够防止账页散失和被非法抽换。 缺点:不便于分工记账,每一账户所需账页要事先估计预留,不便于根据记账需要增减账页。 适用账本:一般用于现金、银行存款日记账和总分类账
	活页式账簿	是将若干具有一定格式的账页装订在活页账夹中,启用后可以随时增减或重新排列账页,年终再按顺序对实际账页编号并装订成册的账簿。 优点:应用灵活,便于分工记账,可随时根据记账需要增减账页。 缺点:账页容易丢失和被非法抽换。 适用账本:一般用于各种明细分类账
	卡片式账簿	是由有专门格式、分散的卡片作为账页存放于专设的卡片箱中,可根据需要随时增添账页的账簿。 优点:可以跨年度使用,不需每年更换。 适用账本:主要用于使用期限较长的财产物资明细账,如固定资产卡片账、低值易耗品卡片账等
按账页格式分类	三栏式账簿	是由设有借方(收入)、贷方(支出)和余额(结余)三个金额栏的账页组成的账簿,适用于总分类账、日记账以及资本、债权、债务等只需进行金额核算的明细分类账
	数量金额式账簿	是由在借方、贷方和余额三栏内,分别设置数量、单价和金额栏目的账页组成的账簿。该账簿用于既要进行金额核算,又要进行数量核算的各项财产物资的明细分类账,如原材料、库存商品的明细分类账
	多栏式账簿	是由在借方、贷方或借贷双方下设若干专栏的账页组成的账簿,用以集中反映有关明细项目的核算情况。成本、费用明细账一般采用这种账簿
按用途分类	序时账簿	也称日记账,是按经济业务发生或完成时间的先后顺序逐日逐笔登记经济业务的账簿。分普通日记账和特种日记账两种,普通日记账是用来记录全部经济业务的日记账;特种日记账是用来专门记录某一类经济业务的日记账,如现金日记账、银行存款日记账
	分类账簿	是对全部经济业务按账户进行分类登记的账簿,按其提供资料的详细程度不同可分为总分类账簿和明细分类账簿。 总分类账簿又称"总账",根据总账科目设置,提供概括的会计信息;明细分类账簿又称"明细账",根据总分类账的明细科目设置,提供详细的会计信息。 总分类账对其明细分类账起统驭作用,明细分类账对总分类账进行补充和说明

续　表

依　据	类　别	释　义
按用途分类	备查账簿	也称辅助账,是对某些在序时账和分类账中不予登记或登记得不够详细的经济业务,进行补充登记以备查考的账簿。 如租入固定资产登记簿,用来登记那些以经营方式租入、不属于本企业资产、不能记入本企业固定资产账户的固定资产。应收票据贴现备查簿用来登记本企业已经贴现的应收票据。由于尚存在票据付款人到期不能支付款项而使本企业产生连带责任的可能性(即负有支付票据款项的连带义务),而这些应收票据已不能在企业的序时账簿或分类账簿中反映,所以要备查登记

二、建账及启用、登记账簿

建立账簿即建账,是指根据企业所属具体行业要求和未来可能发生的经济业务设置账簿,并将相关账户期初余额登记入账,从而为具体会计核算工作做好准备。

二维码 5-2

建账主要在以下两种情况下进行:

一是在新企业成立时。根据相关规定从事生产、经营的企业应自领取营业执照之日起15 日内设置账簿。企业会计人员需要根据企业具体情况购买各类账簿、会计凭证、会计报表等,为建账做好准备工作。

二是在一个会计年度结束、新会计年度开始时,必须更换旧账簿(卡片式账簿、备查账簿等不必每年更换),设置新账簿,将上年的相关账簿资料结转入新账簿,使新旧年度的会计资料在账簿中衔接起来。

(一)建账流程

实务中建立手工账本的业务流程如图 5-1 所示。

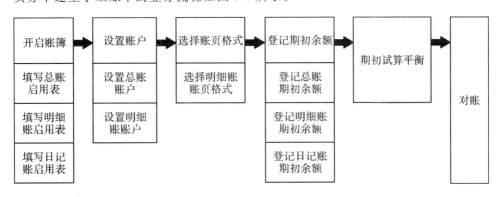

图 5-1　手工建账流程

(二)启用账簿

各种会计账簿应具备封面、扉页和账页三项基本内容,具体操作要点如下。

(1)登记账簿封面。封面要写明账簿名称、记账单位、会计年度。

(2)填写扉页。每本账簿的扉页均附有账簿启用表(见表 5-2),需填写完整信息。

表 5-2 账簿启用表

单位名称	北京市中环电器公司				单位公章	
账簿名称	银行存款日记账 第 1 册					
账簿编号	06-02					
账簿页数	200页					
启用日期	2008年1月1日					
经管人员	会计主管		稽 核		记 账	
	姓名	盖章	姓名	盖章	姓名	盖章
	孙立	孙立	孙立	孙立	刘浩	刘浩
交接记录	经营人员		接 管		交 出	
	职务	姓名	年	月 日 盖章	年 月	日 盖章

(3)填写账户目录。为了便于账户的查找,账户目录中各账户的排列顺序应有一定的规律,一般应按财政部规定的会计科目表中的编码顺序排列(见表 5-3)。

(三)登记账簿

1.登记会计账簿的书写要求

(1)使用蓝、黑墨水或者碳素墨水书写,除需复写内容外,不得使用圆珠笔或者铅笔书写。

(2)账簿中的文字和数字不要写满格,一般应占格距的下二分之一。

(3)账簿的阿拉伯数字应按图 5-2 所示的手写体字样书写,应注意不得连笔书写,每个数字要紧贴底线。

图 5-2 阿拉伯数字手写体字样

(4)账簿中的小写金额前不用加上币种符号。

2.会计账簿期初内容登记

(1)总账。总账采用订本式账簿、三栏式账页格式,需指定每一总账账户在账簿中的登记页码,在相应账页的"会计科目及编号"栏处填写指定登记账户的名称及编号。对于有期初余额的总账账户,在该账户账页的第一行日期栏中填入期初的日期,在摘要栏填入"期初余额"(年度更换新账簿时填入"上年结转")、在借贷方向栏标明余额的方向,在余额栏填入账户的期初余额。对于没有余额的总账账户,无须特别标识。范例如表 5-4 所示。

表 5-3　账户目录

顺序	编号	名称	页号	顺序	编号	名称	页号	顺序	编号	名称	页号	顺序	编号	名称	页号
1	1001	库存现金	1	26	2202	应付账款	51	51	6602	管理费用	101	76			
2	1002	银行存款	3	27	2203	预收账款	53	52	6603	财务费用	103	77			
3	1012	其他货币资金	5	28	2211	应付职工薪酬	55	53	6711	营业外支出	105	78			
4	1101	交易性金融资产	7	29	2221	应交税费	57	54	6801	所得税费用	107	79			
5	1121	应收票据	9	30	2231	应付利息	59	55				80			
6	1122	应收账款	11	31	2232	应付股利	61	56				81			
7	1123	预付账款	13	32	2241	其他应付款	63	57				82			
8	1131	应收股利	15	33	2501	长期借款	65	58				83			
9	1132	应收利息	17	34	2502	应付债券	67	59				84			
10	1221	其他应收款	19	35	4001	实收资本	69	60				85			
11	1231	坏账准备	21	36	4002	资本公积	71	61				86			
12	1401	材料采购	23	37	4101	盈余公积	73	62				87			
13	1403	原材料	25	38	4103	本年利润	75	63				88			
14	1405	库存商品	27	39	4104	利润分配	77	64				89			
15	1411	周转材料	29	40	5001	生产成本	79	65				90			
16	1501	持有至到期投资	31	41	5002	劳务成本	81	66				91			
17	1511	长期股权投资	33	42	5101	制造费用	83	67				92			
18	1601	固定资产	35	43	6001	主营业务收入	85	68				93			
19	1602	累计折旧	37	44	6051	其他业务收入	87	69				94			
20	1701	无形资产	39	45	6111	投资收益	89	70				95			
21	1702	累计摊销	41	46	6301	营业外收入	91	71				96			
22	1801	长期待摊费用	43	47	6401	主营业务成本	93	72				97			
23	1901	待处理财产损溢	45	48	6402	其他业务成本	95	73				98			
24	2001	短期借款	47	49	6403	税金及附加	97	74				99			
25	2201	应付票据	49	50	6601	销售费用	99	75				100			

表 5-4　库存现金总分类账

会计科目及编号　__1001 库存现金__　　　　　　　　　　　　　　　　　　单位:元

2009 年		凭证字号	摘　要	借　方	贷　方	借或贷	余　额
月	日						
12	1		期初余额			借	4 140

　　(2)日记账。现金、银行存款日记账各一本,采用订本式账簿、三栏式账页格式,具体操作要点同上。范例如表 5-5 所示。

表 5-5　现金日记账

单位:元

2009 年		凭证字号	摘　要	对应科目	借　方	贷　方	余　额	√
月	日							
12	1		期初余额				4 140	

　　(3)明细账。明细账一般采用活页式账簿,有三栏式、数量金额式及多栏式多种账页格式。依据活页账的特点,不用给每一明细账户预留账页,可以先在相关账簿中设置有期初余额的各明细账户,对期初无余额的明细账户,可暂时不设,等用到时再设置,但要按会计科目表的顺序插入账簿。三栏式明细账范例如表 5-6“应收账款明细账”所示,数量金额式明细账范例如表 5-7“原材料明细账”所示,多栏式明细账范例如表 5-8“应交增值税明细账”、表 5-9“生产成本明细账”、表 5-10“管理费用明细账”所示。

表 5-6 应收账款明细账

会计科目及编号 <u>112201</u> 明细科目 <u>华夏有限公司</u> 总账科目 <u>应收账款</u> 单位:元

2018年		凭证字号	摘 要	借 方	贷 方	借或贷	余 额
月	日						
12	1		期初余额			借	234 000

表 5-7 原材料明细账

部类 _____ 产地 _____ 规格 _____ 品名 <u>甲材料</u>

2018年		凭证字号	摘 要	收 入			发 出			结 存		
月	日			数量/吨	单价/元	金额/元	数量/吨	单价/元	金额/元	数量/吨	单价/元	金额/元
12	1		期初结存							8 500	100	850 000

表 5-8 应交增值税明细账

单位:元

2018年		凭证字号	摘 要	借 方			贷 方			借或贷	余 额
月	日			合 计	进项税额	已交税金	合 计	销项税额	进项税额转出		
12	1		期初余额							借	18 960

表 5-9 生产成本明细账

总账科目 __生产成本__
产品名称 __B产品__
规格型号 _____
计量单位 __件__   单位:元

2018 年		凭证字号	摘 要	合 计	成本项目		
月	日				直接材料	直接人工	制造费用
12	1		期初余额	11 200	5 000	3 000	3 200

表 5-10 管理费用明细账

账号 __6602__   单位:元

2018 年		凭证字号	摘 要	借 方			
月	日			合 计	办公费	水电费	房屋租赁费
12	9	记 009	零星办公用品	885	885		
	20	记 017	付电费	1 400		1 400	
	28	记 022	付房租	9 500			9 500
			……				
			……				
			……				
	31	记 038	结转费用	11 785	885	1 400	9 500

需要注意的是:活页式账簿内账页事先未印制页码,企业需根据使用情况填写,并且由于在使用活页账的过程中会根据需要对账页进行增减以及调整账页的顺序,所以在年度结束时,应将账簿中空白账页抽出,并对账页顺序整理后进行编码。

(4)备查账簿。设置备查账簿一本,该账簿没有固定的账本形式和账页格式,企业可以根据实际情况选择使用账簿,如"应收票据备查簿"。

3.总分类账户和明细分类账户的平行登记

总分类账户的记录提供总括核算资料,是编制会计报表的主要依据,任何单位都必须设置总分类账。明细分类账户用来登记详细的核算资料。就同一笔经济业务来讲,在登账时既要登记总账又要登记明细账,只有把两者结合起来,才能总括和详细地反映经济业务。

平行登记是指对所发生的每笔经济业务都要以会计凭证为依据,既要记入有关总账科目,又要记入有关总账科目的明细账科目。

例如上述"库存现金总分类账"和"现金日记账",对于期初余额 4 140 元,既要登记总账,又要登记明细账。

平行登记主要体现在以下几个方面:

(1)同时间登记。对于发生的每笔经济业务,既要登记有关的总账,又必须在同一会计期间的明细账上登记。

(2)同方向登记。对于一笔经济业务,在登记总账和明细账时的借贷方向要一致。如果总账登记在借方(贷方),那么明细账也要登记在借方(贷方)。

(3)等金额登记。记入总账账户的金额必须与记入其各明细账账户的金额之和相等。

(4)同依据。对于发生的每笔经济业务,都要以相关的会计凭证为依据,既登记总账,又登记明细账。

采用平行登记的方法过账以后,总分类账户与其明细分类账户之间可产生如下数量关系:

总分类账户本期借方(贷方)发生额=各明细分类账户本期借方(贷方)发生额合计

总分类账户期初(期末)余额=各明细分类账户期初(期末)余额合计

【例 5-1】欣悦纸业有限公司 12 月 8 日收回 A 企业的欠款 56 000 元和 B 企业的欠款 70 000 元。会计人员根据审核无误的记账凭证登记相关账簿,如图 5-3 所示。

借方	应收账款	贷方	借方	应收账款——A 企业	贷方	借方	应收账款——B 企业	贷方
期初余额 126 000			期初余额 56 000			期初余额 70 000		
	(1)	56 000		(1)	56 000			

图 5-3　登记账簿示例

该例中,应收账款总账的期初余额 126 000 元等于其明细账"应收账款——A 企业"期初余额 56 000 元与"应收账款——B 企业"期初余额 70 000 元之和;12 月 8 日收回的是 A 企业的欠款,会计人员需要在 A 企业的明细账上记入贷方 56 000 元,同时还必须在应收账款的总账上记入贷方 56 000 元。由此可见总账和明细账之间的平行关系。

任务 2　账务处理程序

二维码 5-3

一、账务处理程序概述

(一)账务处理程序的含义

账务处理程序也称会计核算形式、记账程序和会计核算组织程序,是指从经济业务发生、取得或填制原始凭证开始到根据有关账簿记录编制财务会计报告为止的一个会计循环过程中,会计科目、会计凭证、会计账簿、会计报表相互结合的技术组织方式。

账务处理程序主要涉及凭证组织、账簿组织和记账程序三个方面。凭证组织是指所运用的会计凭证的种类、格式以及不同凭证之间的相互关系。账簿组织是指账簿的种类、格式以及各种账簿之间的相互制约关系。凭证组织和账簿组织与记账方法、会计科目的设置有紧密的联系。记账程序是指从填制凭证到登记账簿,最终编制财务会计报告的顺序。它主要反映了凭证和账簿、账簿和财务会计报告之间的相互关系。

(二)账务处理程序的设计原则

选择科学、合理的账务处理程序是组织会计工作、进行会计核算的前提。设计账务处理程序时需遵循以下三个原则。

(1)适合本单位所属行业的特点,即在设计账务处理程序时,要考虑企业自身组织规模的大小、经济业务的性质和繁简程度,同时,还要有利于会计人员的分工协作和内部控制。

(2)要能够正确、及时和完整地提供本单位各方面的会计信息,在保证会计信息质量的前提下,满足本单位各部门、人员和社会各相关行业的信息需要。

(3)应力求简化,减少不必要的环节,节约人力、物力和财力,不断地提高会计工作的效率。

(三)账务处理程序的分类

目前,我国各经济单位通常采用的主要账务处理程序有记账凭证账务处理程序、科目汇总表账务处理程序、汇总记账凭证账务处理程序等。这几种账务处理程序有许多共同之处,也各有特点,主要表现在登记总分类账的依据和方法上。

二、记账凭证账务处理程序

记账凭证账务处理程序是直接根据记账凭证登记总账的一种最基本的账务处理程序,其他各种类型的账务处理程序都是在该程序的基础上发展起来的。

(一)记账凭证账务处理程序的特点

(1)记账凭证一般采用收款凭证、付款凭证和转账凭证三种格式,也可以采用只有一种格式的通用记账凭证。

(2)账簿应设置现金日记账、银行存款日记账、总账和各种明细账。现金和银行存款日记账常用三栏式订本账;总账一般是三栏式订本账;明细账可根据其重要程度和具体内容选择三栏式、数量金额或多栏式账簿,在形式上可采用订本式、活页式或卡片式。

(3)直接根据记账凭证逐笔登记总账。

(二)记账凭证账务处理程序的步骤

(1)根据原始凭证(或原始凭证汇总表)填制记账凭证。

(2)根据原始凭证(或原始凭证汇总表)、收款凭证、付款凭证(或记账凭证)序时逐笔登记现金日记账和银行存款日记账。

(3)根据收款凭证、付款凭证、转账凭证(或记账凭证)及所附原始凭证逐笔登记明细账。

(4)根据收款凭证、付款凭证、转账凭证(或记账凭证)逐笔登记总账。

(5)月末对账即将各种日记账和明细账的期末余额与总账有关账户的期末余额相核对。

(6)根据核对无误的账簿记录编制会计报表。

记账凭证账务处理程序的流程如图5-4所示。

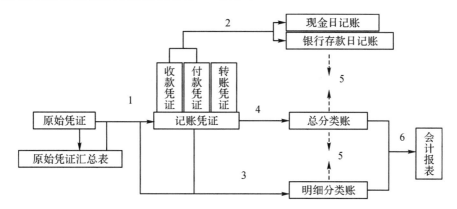

注：（1）图中的1、2等序号表示记账的顺序；
　　（2）——→ 表示填制凭证、登记账簿或编制会计报表；
　　（3）◄--- 表示账账之间的核对

图 5-4　记账凭证账务处理程序的流程

(三)记账凭证账务处理程序的优缺点及适用范围

1.优点

(1)会计凭证和账簿格式及账务处理程序简单明了,与前面学习过的总分类账与明细分类账平行登记的原理紧密相关,很容易理解和具体操作。

(2)由于总账是直接根据各种记账凭证逐笔登记的,因此总账能比较详细和具体地反映各项经济业务,便于查账。

2.缺点

(1)登记总账的工作量大,尤其在经济业务量大的时候。

(2)每笔业务既要登记总账又要登记明细账,耗用账页多;预留总账账页也难以把握。

3.适用范围

一般适用于规模较小.业务量较小以及记账凭证数量不多的会计主体。这种账务处理程序特别适宜计算机处理,因为计算机处理可以弥补其工作量大的缺点。同时在手工记账下,为了减少记账凭证的数量,减轻登记总账的工作量,可以尽量将同类经济业务的原始凭证进行汇总,编制原始凭证汇总表,再根据原始凭证汇总表编制记账凭证。

三、科目汇总表账务处理程序

科目汇总表账务处理程序是对于一定会计期间的全部记账凭证,按照其会计科目归类汇总编制科目汇总表,以此登记总账的一种运用较为广泛的账务处理程序。

(一)科目汇总表账务处理程序的特点

(1)记账凭证、现金日记账、银行日记账、总账和各种明细账以及报表的设置均与记账凭证账务处理程序相同,只是增加了按照会计科目定期归类汇总记账凭证,编制科目汇总表的步骤。

(2)总账的登记依据是科目汇总表,现金日记账和银行存款日记账以及各种明细账的登记依据则是记账凭证和部分原始凭证。

在采用这种账务处理程序时,要特别注意加强各种账簿之间的核对工作,以免由于记账凭证的归类汇总而发生差错。

(二)科目汇总表的编制

(1)先将一个会计期间内记账凭证上记录的每笔经济业务登记到按照会计科目设置的T形账户的借方和贷方;接着分别加计各科目的借方发生额和贷方发生额,然后合计全部账户的借方发生额和贷方发生额;经试算无误后,将各个科目的借方发生额和贷方发生额抄入科目汇总表中相应科目栏内。

(2)科目汇总表中还应注明所汇总的记账凭证的种类及起讫号数。

(3)科目汇总表可以每月汇总 1 次,编制 1 张,也可以每 5 天或者 10 天汇总 1 次,每月编制 1 张。

(4)科目汇总表的格式如表 5-11、表 5-12 所示。

(5)为了防止漏账、便于核对,记账后应将记入总账的页次记入会计科目汇总表的账页栏,或者打"√"做标记。

表 5-11 科目汇总表(一)
年 月 日至 年 月 日
记账凭证起止号数: 号至 号　　　　　　　　　　第 号

会计科目	本期发生额																				
	借方金额									账页(或√)	贷方金额									账页(或√)
	千	百	十	万	千	百	十	元	角	分		千	百	十	万	千	百	十	元	角	分	

会计主管: 记账: 复核: 出纳: 制证:

表 5-12　科目汇总表(二)

单位：

会计科目	记账(√)	1—10 日		11—20 日		21—30 日		本月合计	
		借　方	贷　方	借　方	贷　方	借　方	贷　方	借　方	贷　方

会计主管：　　　　记账：　　　　　复核：　　　　　出纳：　　　　　制证：

(三)科目汇总表账务处理程序的步骤

(1)根据原始凭证(或原始凭证汇总表)编制记账凭证。

(2)根据收款凭证、付款凭证(或记账凭证)登记日记账。

(3)根据原始凭证(或原始凭证汇总表)、收款凭证、付款凭证、转账凭证(或记账凭证)登记各种明细账。

(4)根据收款凭证、付款凭证、转账凭证(或记账凭证)编制科目汇总表。

(5)根据科目汇总表定期登记总账。

(6)月末,将现金日记账、银行存款日记账和各种明细账与总账的期末余额进行核对。

(7)月末,根据总账和明细账编制会计报表。

科目汇总表账务处理程序的流程如图 5-5 所示。

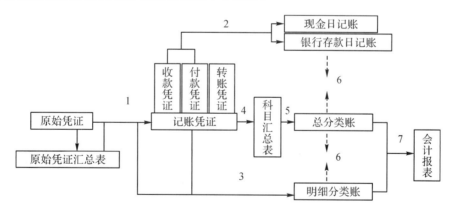

注：　(1)图中的1、2等序号表示记账的顺序；

　　　(2)　——→　表示填制凭证、登记账簿或编制会计报表；

　　　(3)　◄---►　表示账账之间的核对

图 5-5　科目汇总表账务处理程序的流程

(四)科目汇总表账务处理程序的优缺点及适用范围

1. 优点

(1)定期编制科目汇总表可起到试算平衡的作用,便于及时发现、纠正账簿记录的错误,以保证账簿记录的准确性。

（2）根据科目汇总表登记总账，减轻了登记总账的工作量。

2.缺点

（1）定期汇总计算每一账户的借方发生额和贷方发生额，并不考虑账户的对应关系，全部账户的借、贷方发生额可以汇总在一张表内，其结果是科目汇总表和据此登记的总账都不能反映各账户之间的对应关系，所以也不便于了解经济业务的具体内容。

（2）根据记账凭证编制科目汇总表的工作量比较大。

3.适用范围

这种账务处理程序适用于规模较大、经济业务量较大的会计主体。

（五）科目汇总表账务处理程序应用举例

【例5-2】现有华夏公司根据原始凭证编制的记账凭证，如表5-13至表5-16所示。

表5-13　收款凭证

借方科目：银行存款　　　　　　　　　××××年12月　　　　　　　　　单位：元

××××年		凭证		摘　要	贷方科目	明细科目	金　额
月	日	字	号				
12	15	银收	1	收回澄江厂货款	应收账款	澄江厂	11 700

表5-14　付款凭证

借方科目：库存现金　　　　　　　　　××××年12月　　　　　　　　　单位：元

××××年		凭证		摘　要	贷方科目	明细科目	金　额
月	日	字	号				
12	3	现付	1	厂部李兰借支差旅费	其他应收款	李兰	300
	10	现付	2	补付差旅费差额	管理费用	差旅费	50

表5-15　付款凭证

借方科目：银行存款　　　　　　　　　××××年12月　　　　　　　　　单位：元

××××年		凭证		摘　要	贷方科目	明细科目	金　额
月	日	字	号				
12	1	银付	1	提现	库存现金		1 000
	6	银付	2	购买材料	在途物资	乙材料	8 500
					应交税费	应交增值税（进）	1 360
	12	银付	3	归还前欠货款	应付账款	科华公司	5 850
	19	银付	4	支付广告费	销售费用	广告费	1 360

表 5-16 转账凭证

××××年 12 月   单位:元

××××年		凭证		摘 要	总账科目	明细科目	借方金额	贷方金额
月	日	字	号					
12	2	转	1	赊购材料	原材料	甲材料	5 000	
					应交税费	应交增值税(进)	850	
					应付账款	科华公司		5 850
	3	转	2	赊销 A 产品	应收账款	澄江厂	11 700	
					主营业务收入	A 产品		10 000
					应交税费	应交增值税(销)		1 700
	4	转	3	生产领料	生产成本	A 产品	3 000	
					制造费用		300	
					原材料			3 300
	5	转	4	赊销 A 产品	应收账款	兴化厂	23 400	
					主营业务收入	A 产品		20 000
					应交税费	应交增值税(销)		3 400
	8	转	5	材料入库	原材料	乙材料	8 500	
					在途物资	乙材料		8 500
	10	转	6	报销差旅费	管理费用	差旅费	300	
					其他应收款	李兰		300
	31	转	7	工资费用分配	生产成本	A 产品	20 000	
					生产成本	B 产品	10 000	
					制造费用		5 000	
					管理费用		1 000	
					应付职工薪酬	工资		36 000
	31	转	8	结转制造费用	生产成本	A 产品	3 500	
					生产成本	B 产品	1 800	
					制造费用			5 300
	31	转	9	结转完工产品成本	库存商品	A 产品	29 300	
					生产成本	A 产品		29 300
	31	转	10	结转已售产品成本	主营业务成本	A 产品	20 000	
					库存商品	A 产品		20 000

续　表

××××年		凭证		摘　要	总账科目	明细科目	借方金额	贷方金额
月	日	字	号					
	31	转	11	结转成本费用	本年利润		22 710	
					主营业务成本			20 000
					管理费用			1 350
					销售费用			1 360
	31	转	12	结转收入	主营业务收入		30 000	
					本年利润			30 000

以表 5-13 至表 5-16 为依据登记 T 形账户，如图 5-6、图 5-7 所示。

借方	库存现金	贷方		借方	银行存款	贷方		借方	应收账款	贷方
期初余额 650				期初余额 50 000				期初余额 200 000		
1 000				11 700		1 000			11 700	
		300				9 860		23 400		11 700
		50				1 360				
						5 850				
本期发生额 1 000	本期发生额	350		本期发生额 11 700	本期发生额 18 070			本期发生额 35 100	本期发生额 11 700	
期末余额 1 300				期末余额 43 630				期末余额 223 400		

借方	其他应收款	贷方		借方	在途物资	贷方		借方	原材料	贷方
期初余额 300				8 500		8 500		期初余额 5 600		
300		300						5 000		3 300
								8 500		
本期发生额 300	本期发生额 300			本期发生额 8 500	本期发生额 8 500			本期发生额 13 500	本期发生额 3 300	
期末余额 300				期末余额 0				期末余额 15 800		

借方	库存商品	贷方		借方	应付账款	贷方		借方	应付职工薪酬	贷方
期初余额 12 000						期初余额 650				36 000
29 300		20 000		5 850		5 850				
本期发生额 29 300	本期发生额 20 000			本期发生额 5 850	本期发生额 5 850			本期发生额	本期发生额 36 000	
期末余额 21 300						期末余额 650				期末余额 36 000

借方	应交税费	贷方		借方	本年利润	贷方		借方	生产成本	贷方
		期初余额 400				期初余额 50 000		期初余额 7 500		29 300
850		1 700		22 710		30 000		3 000		
1 360		3 400						30 000		
								5 300		
本期发生额 2 210	本期发生额 5 100			本期发生额 22 710	本期发生额 30 000			本期发生额 38 300	本期发生额 29 300	
		期末余额 3 290				期末余额 57 290		期末余额 16 500		

借方	制造费用	贷方		借方	主营业务收入	贷方		借方	主营业务成本	贷方
300		5 300				10 000		20 000		20 000
5 000				30 000		20 000				
本期发生额 5 300	本期发生额 5 300			本期发生额 30 000	本期发生额 30 000			本期发生额 20 000	本期发生额 20 000	

图 5-6　登记 T 形账户（一）

借方	销售费用	贷方		借方	管理费用	贷方
	1 360	1 360			50	1 350
					300	
					1 000	
本期发生额 1 360		本期发生额 1 360		本期发生额 1 350		本期发生额 1 350

图 5-7 登记 T 形账户(二)

根据 T 形账户编制科目汇总表,如表 5-17 所示。

表 5-17 科目汇总表

××××年 12 月 1 日至××××年 12 月 31 日 科汇字 01

会计科目	本期发生额																				
	借方金额										账页(或√)	贷方金额									账页(或√)
	千	百	十	万	千	百	十	元	角	分		千	百	十	万	千	百	十	元	角	分	
库存现金					1	0	0	0	0	0						3	5	0	0	0	0	
银行存款			1	1	7	0	0	0	0	0				1	8	0	7	0	0	0	0	
应收账款			3	5	1	0	0	0	0	0				1	1	7	0	0	0	0	0	
其他应收款					3	0	0	0	0	0						3	0	0	0	0	0	
在途物资				8	5	0	0	0	0	0					8	5	0	0	0	0	0	
原材料			1	3	5	0	0	0	0	0					3	5	0	0	0	0	0	
库存商品			2	9	3	0	0	0	0	0				2	0	0	0	0	0	0	0	
应付账款			5	8	5	0	0	0	0	0				5	8	5	0	0	0	0	0	
应付职工薪酬														3	6	0	0	0	0	0	0	
应交税费			2	2	1	0	0	0	0	0					5	1	0	0	0	0	0	
本年利润			2	2	7	1	0	0	0	0				3	0	0	0	0	0	0	0	
生产成本			3	8	3	0	0	0	0	0				2	9	3	0	0	0	0	0	
制造费用				5	3	0	0	0	0	0					5	3	0	0	0	0	0	
主营业务收入			3	0	0	0	0	0	0	0				3	0	0	0	0	0	0	0	
主营业务成本			2	0	0	0	0	0	0	0				2	0	0	0	0	0	0	0	
销售费用					1	3	6	0	0	0						1	3	6	0	0	0	
管理费用					1	3	5	0	0	0						1	3	5	0	0	0	
合 计		2	2	6	4	8	0	0	0	0			2	2	6	4	8	0	0	0	0	

会计主管:××× 记账:××× 审核:××× 制表:×××

根据科目汇总表登记总分类账,如表 5-18 所示(以银行存款账户为例)。

表 5-18　银行存款总分类账

单位:元

××××年		凭 证		摘　要	借　方	贷　方	借或贷	金　额
月	日	字	号					
12	1			期初余额			借	50 000
	31	汇	×	1—31 日汇总过入	11 700	18 070	借	43 630
	31			本月合计	11 700	18 070	借	43 630

四、汇总记账凭证账务处理程序

汇总记账凭证账务处理程序是定期将所有记账凭证汇总编制成汇总记账凭证,然后再根据汇总记账凭证登记总账的一种账务处理程序。

(一)汇总记账凭证账务处理程序的特点

(1)汇总记账凭证核算组织程序与科目汇总表核算组织程序类似,是针对科目汇总表核算组织程序的缺点,加以改进而建立起来的一种核算组织程序。

(2)汇总记账凭证是定期对每一账户的借方(或贷方),分别按照与其相对应的贷方(或借方)账户汇总发生额。其结果是汇总记账凭证和据此登记的总账都能反映各账户之间的对应关系,便于了解经济业务的具体内容。

(二)汇总记账凭证的编制

(1)一般要求设置收款凭证、付款凭证、转账凭证等三种记账凭证,并相应编制汇总收款凭证、汇总付款凭证、汇总转账凭证。

(2)账簿和报表设置与记账凭证账务处理程序基本相同,只是格式上一般要求在总账借方和贷方栏分别设置对方科目一栏,以便更好地反映交易和事项涉及的账户之间的对应关系。

(3)各种日记账和明细账是根据记账凭证登记的,它们和总账的登记依据是有区别的。

(4)汇总收款凭证按照"库存现金""银行存款"科目的借方设置,并按照其对应的贷方科目归类汇总,月末结算出汇总收款凭证的合计数,与现金、银行存款日记账的本月借方合计数核对无误后,据以登记总账。

(5)汇总付款凭证按照"库存现金""银行存款"科目的贷方设置,并按照其对应的借方科目归类汇总,月末结算出汇总付款凭证的合计数,与现金、银行存款日记账的本月贷方合计数核对无误后,据以登记总账。

(6)汇总转账凭证通常按照每一科目的贷方设置,并按相对应的借方科目归类汇总,月末结算出汇总转账凭证的合计数,登记总账。

(7)一般每 5 天或者 10 天汇总填制 1 次记账凭证,每月编制 1 张。

汇总收款凭证、汇总付款凭证和汇总转账凭证的格式如表 5-19、表 5-20、表 5-21 所示。

表 5-19　汇总收款凭证

年　月　　　　　　　　　　　　　　汇收 1 号

借方科目：　　　　　　　　　　　　　　　　　　　　单位：

贷方科目	金　额				总账页数	
	1—10 日 收字　号	11—20 日 收字　号	21—30 日 收字　号	合　计	借　方	贷　方
合　计						

会计主管：　　　　　审核：　　　　　　填制：　　　　　　记账：

表 5-20　汇总付款凭证

年　月　　　　　　　　　　　　　　汇付 1 号

贷方科目：　　　　　　　　　　　　　　　　　　　　单位：

借方科目	金　额				总账页数	
	1—10 日 付字　号	11—20 日 付字　号	21—30 日 付字　号	合　计	借　方	贷　方
合　计						

会计主管：　　　　　审核：　　　　　　填制：　　　　　　记账：

表 5-21　汇总转账凭证

年　月　　　　　　　　　　　　　　汇转 1 号

贷方科目：　　　　　　　　　　　　　　　　　　　　单位：

借方科目	金　额				总账页数	
	1—10 日 转字　号	11—20 日 转字　号	21—30 日 转字　号	合　计	借　方	贷　方
合　计						

会计主管：　　　　　审核：　　　　　　填制：　　　　　　记账：

（三）汇总记账凭证账务处理程序的步骤

（1）根据原始凭证、原始凭证汇总表编制收款凭证、付款凭证和转账凭证。

（2）根据收款凭证、付款凭证登记现金日记账和银行存款日记账。

（3）根据原始凭证、原始凭证汇总表和各种记账凭证登记各种明细账。

（4）根据各种记账凭证编制汇总收款凭证、汇总付款凭证和汇总转账凭证。

(5)根据汇总记账凭证定期登记总账。

(6)月末,将现金日记账、银行存款日记账和各种明细账与总账的期末余额进行核对。

(7)月末,根据总账和明细账编制会计报表。

汇总记账凭证账务处理程序的流程如图5-8所示。

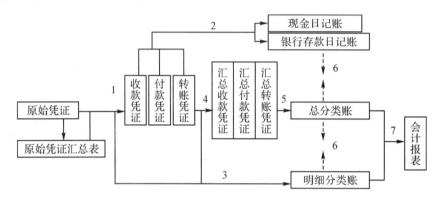

注:(1)图中的1、2等序号表示记账的顺序;

　　(2)——→ 表示填制凭证、登记账簿或编制会计报表;

　　(3)◄---- 表示账账之间的核对。

图 5-8　汇总记账凭证账务处理程序的流程

(四)汇总记账凭证账务处理程序的优缺点及适用范围

1.优点

(1)在汇总记账凭证账务处理程序中,总账是根据汇总记账凭证于月终一次登记的。它与记账凭证账务处理程序相比,可以将日常产生的大量记账凭证分散在平时整理,通过汇总归类,月末一次记入总账,在一定程度上简化了总账的记账工作,为及时编制会计报表提供便利。

(2)由于汇总记账凭证是按照科目的对应关系归类汇总编制的,所以其能够明确地反映账户间的对应关系,便于经常分析和检查经济活动的发生情况。

2.缺点

在编制汇总转账凭证时,汇总记账凭证按每一个贷方科目归类汇总,不考虑经济业务的性质,这不利于会计核算的分工,而且编制汇总记账凭证的工作量也较大。

3.适用范围

汇总记账凭证账务处理程序一般适用于业务量较大、记账凭证较多的会计主体。

任务3　会计账簿登记

一、登记会计账簿的基本要求

(1)必须根据审核无误的会计凭证及时地登记各类账簿。

(2)登记账簿时,应当将会计凭证的日期、编号、业务内容摘要、金额和其他有关资料逐项记入账内,做到数字准确、摘要简明清楚、登记及时。

(3)登记完毕,要在会计凭证上签名或者盖章,并在记账凭证"记账"栏注明已经登账的符号"√",表示已记账,以免重记、漏记,便于查阅、核对,并在记账凭证中"记账"处签名或盖章,以明确经济责任。

(4)登记账簿时,在每一页的第一行"月、日栏"要注明当前月份,以后本页再登记时,只要不跨月度,日期栏只需填入具体日期,月份可以不填。当跨月度时,在新月度的起始行日期栏中填入新月份。

(5)当一张账页记满,需要在下页继续登记时,应在本页的最末一行摘要栏注明"过次页",结计出本页借、贷方发生额并填入借方、贷方栏。在下一页的第一行摘要栏注明"承前页",将前页结计出的借方、贷方发生额以及余额,记入相应栏目(见表5-22、表5-23)。

(6)各种账簿应按账户页次逐页逐行连续登记,不得跳行、隔页。如果发生跳行、隔页,应在账簿中将空行和空页注销。当出现空行时,应在该行摘要栏填入"此行空白",然后用红笔画一条通栏红线,最后,由记账人员在该行签名或盖章。当出现空页时,应在该页注明"此页空白",然后用红笔由该页左上角至右下角画一条对角线,最后由记账人员在该页签名或盖章。

(7)登记账簿时,凡印有余额栏并需结出余额的账户,均应在结出余额后,注明余额的借贷方向。若余额为零,则应在借或贷栏注明"平",并在余额栏"元"位上用"0"表示。

(8)红色墨水在账簿中有特殊含义,在下列情况下可以使用:

①按照红字冲账的记账凭证,冲销错误记录;

②在不设借、贷等栏的多栏式账页中,登记减少数;

③在三栏式账户的余额栏前,如未印明余额方向,在余额栏内登记负数余额;

二维码 5-4

④注销空行或空页;

⑤期末结账时画线;

⑥根据国家统一会计制度的规定可以用红字登记的其他会计记录。

(9)账簿记录发生错误时,不得采用涂改、挖补、刮擦、药水消除字迹等手段更正,不允许重抄,而必须采用适当的错账更正方法来更正。具体更正方法将在后文介绍。

二、日记账的登记

出纳人员需要在现金日记账、银行存款日记账中序时登记所保管的现金、银行存款,登记的依据是收、付款凭证(或者记账凭证)。登记日记账时,按照业务发生的先后顺序,逐日逐笔进行登记,同时要做到日清月结,具体栏目的登记要求如下。

二维码 5-5

(1)"日期"栏:登记具体收款或者付款的实际日期。

(2)"凭证字号"栏:登记会计凭证类型及编号。如果企业采用通用记账凭证格式,根据记账凭证登记现金日记账时,填入"记×号";如果企业采用专用记账凭证格式,则填入"现收×号""现付×号""银收×号"或者"银付×号"。银行存款日记账中的"银行凭证"栏依据记账凭证所附的原始凭证的银行结算单据的编号填写,以便于和银行进行对账。

表5-22　银行存款日记账

凭证 种类	凭证 号数	月	日	对方科目	摘要	总页	收入金额 千	百	十	万	千	百	十	元	角	分	付出金额 千	百	十	万	千	百	十	元	角	分	结存金额 千	百	十	万	千	百	十	元	角	分
		7	1		期初余额																								1	9	3	4	5	0	0	0
记	1		1	库存现金	提现备用																1	0	0	0	0	0			1	9	2	4	5	0	0	0
记	6		3	应付账款	借付前欠货款															1	0	0	0	0	0	0			1	8	2	4	5	0	0	0
记	7		5	短期借款	借入短期借款·存入银行				1	8	0	0	0	0	0	0													3	6	2	4	5	0	0	0
记	8		5	原材料等	购进材料·验收入库·款已付															1	8	6	7	9	2	0			3	4	3	7	7	0	8	0
记	9		5	材料采购等	购进材料																3	7	3	0	4	0			3	4	0	0	4	0	4	0
记	13		6	应收账款	收到货款·存入银行					2	0	0	0	0	0	0													3	6	0	0	4	0	4	0
记	14		6	主营业务收入等	销售产品·款已收存银行					1	1	9	3	4	0	0													3	7	1	9	7	4	4	0
记	15		7	应收账款	收到货款·存入银行					1	2	0	0	0	0	0													3	8	3	9	7	4	4	0
记	16		7	主营业务收入等	销售产品·款已收存银行					2	3	4	0	0	0	0													4	0	7	3	7	4	4	0
记	17		7	应付账款	偿付前欠货款															3	0	0	0	0	0	0			3	7	7	3	7	4	4	0
记	18		7	销售费用	支付广告费																1	0	0	0	0	0			3	7	6	3	7	4	4	0
					过次页				2	4	7	3	3	4	0	0				6	4	4	0	9	6	0			3	7	6	3	7	4	4	0

表5-23　银行存款日记账

凭证 种类	凭证 号数	月	日	对方科目	摘要	总页	收入金额 千	百	十	万	千	百	十	元	角	分	付出金额 千	百	十	万	千	百	十	元	角	分	结存金额 千	百	十	万	千	百	十	元	角	分
					承前页				2	4	7	3	3	4	0	0				6	4	4	0	9	6	0			3	7	6	3	7	4	4	0

(3)"摘要"栏:摘要表明登记入账的经济业务的内容,从记账凭证中的摘要复制而来,摘要内容必须简明扼要。

(4)"对应科目"栏:填入记账凭证中"库存现金"或"银行存款"科目的对应科目,以反映库存现金增减变化的来龙去脉。在填写对应科目时,应注意以下三点。

①对应科目只填总账科目,不需填明细科目。

②当记账凭证为一借多贷、一贷多借时,即对应科目有多个时,对应科目应填入主要对应科目。如销售产品收到现金,则"库存现金"的对应科目有"主营业务收入"和"应交税费",此时可在对应科目栏中填入"主营业务收入",在借方金额栏中填入取得的现金总额,而不能将一笔现金增加业务的金额拆分成两个对应科目金额填入两行。

③当对应科目有多个且不能从科目上划分出主次时,可在对应科目栏中填入其中金额较大的科目,并在其后加上"等"字。如用现金600元购买零星办公用品,其中200元由车间负担,400元由行政管理部门负担,则在现金日记账"对应科目"栏中填入"管理费用等",在贷方金额栏中填入支付的现金总额600元。

(5)"收入""支出"栏:根据记账凭证中记录的"库存现金""银行存款"科目的借贷方向,将对应金额分别记入"收入"栏、"支出"栏。

(6)"余额"栏:根据"期末余额=期初余额+本期借方发生额-本期贷方发生额"计算填入。

三、明细账的登记

(一)明细账登记的规则

(1)明细账簿具体格式有三栏式、多栏式、数量金额式等。

(2)不同类型经济业务的明细账可根据管理需要,依据记账凭证、原始凭证(或原始凭证汇总表)逐日逐笔或定期汇总登记。固定资产、债权、债务等明细账应逐日逐笔登记;原材料、库存商品、收入、费用等明细账可逐笔登记,也可定期汇总登记。

二维码 5-6

(3)一般应于会计期末结算出当期发生额及期末余额。

(4)各栏目的登记要求同日记账登记。

(二)三栏式明细账的登记

三栏式账簿主要适用于只要求反映金额的经济业务,比如债权、债务类(应收账款、应付账款、预收账款、预付账款等)明细账户,设有借方、贷方、余额三栏,并在余额栏前设"借或贷"余额方向栏。"应收账款"明细账登记如表5-24所示。

表 5-24 明细账(三栏式)

第 1 页

科目编号 __112201__   明细科目 __方舟建材有限公司__   总账科目 __应收账款__   连续第　页

××××年		凭证字号	摘要	借方 亿千百十万千百十元角分	√	贷方 亿千百十万千百十元角分	√	借或贷	余额 亿千百十万千百十元角分
月	日								
12	1		期初余额					借	2 3 4 0 0 0 0 0
	3	记001	收前欠账款			2 3 4 0 0 0 0 0		平	0

(三)多栏式明细账的登记

多栏式账簿适用于收入、费用、成本等明细账户,可设借方多栏式、贷方多栏式和借方贷方多栏式,具体登记要求如下。

(1)借方多栏式明细账。如"生产成本""管理费用""制造费用""主营业务成本"等费用类账户,平时在借方登记发生额;月末一次转出借方发生额合计数时登记在贷方;如果有贷方发生额,则应用红字登记在借方栏,表示冲减。范例如表5-25、表5-26所示。

表 5-25 生产成本账

总账科目 __生产成本__
产品名称 __B产品__
规格型号 _____   第 1 页
计量单位 __个__   连续第　页

××××年		凭证字号	摘要	借方发生额 亿千百十万千百十元角分	成本项目		
					直接材料 百十万千百十元角分	直接人工 百十万千百十元角分	制造费用 百十万千百十元角分
月	日						
12	1		期初余额	1 1 2 0 0 0 0	5 0 0 0 0 0	3 0 0 0 0 0	3 2 0 0 0 0
	31	记028	分配工资费用	4 0 0 0 0 0		4 0 0 0 0 0	
	31	记029	计提社会保险费	6 4 0 0 0 0		6 4 0 0 0 0	
	31	记033	领用材料	1 5 0 0 0 0 0	1 5 0 0 0 0 0		
	31	记034	分配制造费用	3 1 0 0 0 0			3 1 0 0 0 0
	31	记035	结转完工产品成本	2 3 8 6 0 0 0	1 5 5 0 0 0 0	4 9 4 0 0 0	3 4 2 0 0 0

(2)贷方多栏式明细账。如"主营业务收入""其他业务收入""营业外收入"等收入类账户,平时在贷方登记发生额;月末一次转出贷方发生额合计数时登记在借方,有借方发生额时以红字登记在贷方,表示冲减;如果平时有借方发生额,则应用红字在贷方栏登记,表示冲减。

(3)借方贷方多栏式明细账。如应交税费——应交增值税明细账,根据经济业务内容在借方、贷方设置三级明细账户,根据会计凭证中应交增值税的明细科目、金额登记到账簿的相应专栏。范例如表5-27所示。

表 5-26　明细账（借方多栏式）

科目名称　管理费用　　　　　　　　　　　　　　　　　　　　　第 1 页　连续第　页

XXXX年 月	日	凭证字号	摘要	借方	贷方	借或贷	余额	借方金额分析 办公费	水电费	房屋租赁费	差旅费
12	9	记009	购零星办公用品	885.00		借	885.00	885.00			
	20	记017	付电费	1400.00		借	2285.00	885.00	1400.00		
	28	记022	付房租	9500.00		借	11785.00	885.00	1400.00	9500.00	
	29	记024	行政部报销差旅费	5500.00		借	17285.00	885.00	1400.00	9500.00	5500.00
	31	记025	计提折旧	5000.00		借	22285.00	885.00	1400.00	9500.00	5500.00
	31	记026	摊销租房装修费	10000.00		借	32285.00	885.00	1400.00	19500.00	5500.00
	31	记028	分配职工工资	20000.00		借	52285.00	885.00	1400.00	19500.00	5500.00
	31	记029	计提社会保险费	3200.00		借	55485.00	885.00	1400.00	19500.00	5500.00
	31	记033	领用材料	2000.00		借	57485.00	885.00	1400.00	19500.00	5500.00
	31	记038	结转费用		57485.00	平	0				

注：受版面限制，本表右侧未显示完整，仅展示借方多栏式明细账格式

表 5-27　应交税费——应交增值税明细账

第 1 页　连续第　页

XXXX年 月	日	凭证字号	摘要	借方 进项税额	已交税金	合计	贷方 销项税额	销项税额转出	合计	借或贷	余额
12	1		期初余额							贷	1896.00
	5	记004	购原材料	8296.00		8296.00				借	6400.00
	6	记005	销售产品				2040.00		2040.00	借	4360.00
	7	记007	交纳税金		1896.00	1896.00				借	6256.00

（四）数量金额式明细账的登记

数量金额式明细账的特点是既登记金额，又登记数量。设有收入、发出和结存三个栏目，在各栏下又分设了数量、单价、金额三个项目，如原材料、库存商品等明细账。登记原材料、库存商品的收入、发出以及结计结存时要同时在账簿中登记数量、单价及金额三项内容。范例如表5-28所示。

表5-28 原材料明细账

总第 页

部类_____ 产地_____ 规格_____ 品名_甲材料_ 分第1页

×年		凭证字号	摘 要	收 入			发 出			结 存			√
月	日			数量/千克	单价/元	金 额（千百十万千百十元角分）	数量/千克	单价/元	金 额（千百十万千百十元角分）	数量/千克	单价/元	金 额（千百十万千百十元角分）	
12	1		期初结存							8 500	100	8 5 0 0 0 0 0 0	
	5	015	生产车间领用				400	100	4 0 0 0 0 0 0	8 100	100	8 1 0 0 0 0 0 0	

四、总分类账簿的登记

总分类账簿的登记依据企业选用的账务处理程序的不同而不同，可以根据记账凭证逐笔登记，也可以根据科目汇总表或汇总记账凭证登记，期末全部经济业务登记入账后，结出各账户的本期发生额和期末余额，在与明细账核对后，作为编制会计报表的主要依据。

（一）记账凭证账务处理程序下总分类账簿的登记

记账凭证账务处理程序下登记总分类账簿的依据是记账凭证，现根据表5-29所示的记账凭证登记相关总账账户。

表5-29 记账凭证

××××年12月3日

第001号

摘 要	总账科目	明细科目	借方金额（亿千百十万千百十元角分）	贷方金额（亿千百十万千百十元角分）	记 账
收前欠账款	银行存款		2 3 4 0 0 0 0 0		√
	应收账款	科华公司		2 3 4 0 0 0 0 0	√
附单据1张	合 计		￥2 3 4 0 0 0 0 0	￥2 3 4 0 0 0 0 0	

核准：×××　　　　复核：×××　　　　记账：×××　　　　出纳：×××　　　　制单：×××

对记账凭证审核无误后分别登记银行存款和应收账款总账，如表5-30、表5-31所示。

表5-30　总分类账

会计科目及编号　1002 银行存款　　　　　　　　　　　　　　　　　　　　　　　　第2页

××××年 月	××××年 日	凭证字号	摘要	借方 亿千百十万千百十元角分	√	贷方 亿千百十万千百十元角分	√	借或贷	余额 亿千百十万千百十元角分
12	1		期初余额					借	2 0 1 2 0 0 0 0
	3	记001	收前欠账款	2 3 4 0 0 0 0				借	4 3 5 2 0 0 0 0

表5-31　总分类账

会计科目及编号　1122 应收账款　　　　　　　　　　　　　　　　　　　　　　　　第8页

××××年 月	××××年 日	凭证字号	摘要	借方 亿千百十万千百十元角分	√	贷方 亿千百十万千百十元角分	√	借或贷	余额 亿千百十万千百十元角分
12	1		期初余额					借	2 3 4 0 0 0 0
	3	记001	收前欠账款			2 3 4 0 0 0 0		平	0

（二）科目汇总表账务处理程序下总分类账簿的登记

科目汇总表账务处理程序下登记总分类账簿的依据是科目汇总表，以"应收账款"为例，总分类账簿登记如表5-32所示。

表5-32　应收账款总分类账

第 页

××××年 月	××××年 日	凭证 种类	凭证 号数	摘要	借方 百十万千百十元角分	贷方 百十万千百十元角分	借或贷	余额 百十万千百十元角分
				承前页	2 1 7 4 4 1 0 0	2 1 7 1 1 0 0 0	借	1 1 3 0 0 0
11	20	记汇	32	11—20日发生额	1 9 2 0 0 0 0	2 0 1 0 0 0 0	借	2 3 0 0 0
	30	记汇	33	21—30日发生额	1 0 1 0 0 0		借	1 2 4 0 0 0
12	10	记汇	34	1—10日发生额	1 0 8 0 0 0	9 0 0 0 0	借	1 4 2 0 0 0
	20	记汇	35	11—20日发生额	1 7 2 8 0 0 0	1 8 0 9 0 0 0	借	6 1 0 0 0
	31	记汇	36	21—31发生额	9 0 9 0 0		借	1 5 1 9 0 0
				本年合计	2 5 6 9 2 0 0 0	2 5 6 2 0 0 0 0	借	
				结转下年				

(三)汇总记账凭证账务处理程序下总分类账簿的登记

汇总记账凭证账务处理程序下登记总分类账簿的依据是汇总记账凭证,总分类账簿登记如表 5-33 所示。

表 5-33　总分类账

会计科目及编号　　1002 银行存款　　　　　　　　　　　　　　　　　　　　　　　　　　　　　　第 2 页

××××年		凭证字号	摘　要	借　方										√	贷　方										√	借或贷	余　额									
月	日			亿	千	百	十	万	千	百	十	元	角	分		亿	千	百	十	万	千	百	十	元	角	分			亿	千	百	十	万	千	百	十	元	角	分
12	1		期初余额																									借			2	0	1	2	0	0	0	0
	31	汇收 02	1—31 日汇总			3	9	0	4	0	0	0	0														借			5	9	1	6	0	0	0	0
	31	汇收 02	1—31 日汇总															3	6	2	7	6	0	0	0	借			2	2	8	8	4	0	0	0

■■■ 思考题

1.新成立的企业如何建账?年度结束时该如何更换账本?

2.设置和登记会计账簿的作用是什么?

3.企业如何根据自身业务需要选择账务处理程序?

4.如何登记日记账?如何登记明细账?如何登记总账?

■■■ 自测题

二维码 5-7

项目六

···

期末处理

能力目标

1.熟悉期末账项调整的内容并进行调整；

2.能及时对账；

3.能正确处理错账并完成更正；

4.能正确编制银行存款余额调节表；

5.能正确进行月结和年结。

知识目标

1.熟悉期末账务核算内容；

2.掌握对账要点；

3.掌握错账更正方法；

4.掌握财产清查方法；

5.熟悉结账要点。

任务 1　对账

对账是指在经济业务登记入账之后、结账之前,将账簿记录的有关数字与库存实物、货币资金、往来结算业务等进行核对的工作。对账的目的是保证账证、账账、账实相符,从而使期末编制会计报表的数据更真实、准确和完整。

对账包括日常核对和定期核对。日常核对是对日常编制的会计分录所做的审核,如发现有错,在记账之前就可查明原因并更正。定期核对一般在月末、季度末、年末,并于结账之前进行,以查验记账工作是否正确和账实是否相符。

二维码 6-1

一、账证核对

账证核对是指核对会计账簿记录与原始凭证、记账凭证的时间、凭证字号、内容、金额是否一致，记账方向是否相符。

日常工作中财务人员根据经过审核无误的会计凭证登记会计账簿，但仍然可能发生账证不符的情况，所以应在日常核算中及时核对，及时更正错账。期末时，如果发现账账不符，可再将账簿记录与有关会计凭证进行核对。

账证核对流程如图 6-1 所示。

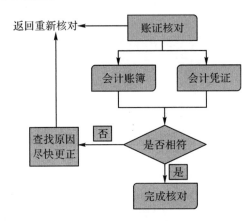

图 6-1　账证核对流程

二、账账核对

账账核对是指核对不同会计账簿的有关记录是否相符，主要包括以下内容。

（一）总分类账之间的核对

将各总分类账户的本期借方发生额合计数与贷方发生额合计数核对，将总分类账户期末借方余额合计数与期末贷方余额合计数核对。

（二）总分类账与日记账之间的核对

将"库存现金"总账和"银行存款"总账的期末余额分别与现金日记账和银行存款日记账的期末余额核对，以检查库存现金和银行存款账户的登记是否准确。

（三）总分类账与其明细分类账之间的核对

将总分类账户余额与其有关明细分类账户余额合计数核对，将总分类账户本期借（贷）方发生额与其有关明细分类账户借（贷）方发生额合计数核对，以检查总分类账与其明细分类账登记是否准确。

（四）明细分类账之间的核对

将会计部门各种财产物资明细分类账余额与财产物资保管或使用部门相应的明细分类

账余额核对,以检查双方登记是否正确。

账账核对流程如图 6-2 所示。

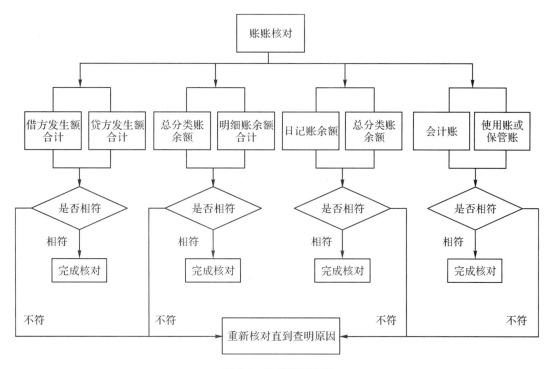

图 6-2 账账核对流程

三、账实核对

账实核对是指核对会计账簿记录与有关的货币资金和财产物资等实有数额是否相符。

(一)现金日记账的余额与现金实际库存数额核对

现金日记账要日清月结,每天均结出余额,该余额要同库存现金实有数一致。月末或者年末以及专门进行财产清查时,要对现金进行清查盘点。通过实地盘点的方法,确定库存现金的实存数,再与现金日记账的结存数进行核对,以查明盈亏情况。

(二)银行存款日记账的余额与银行对账单核对

银行存款的清查采取与开户银行核对账目的方法。核对前,详细检查本单位银行存款日记账,力求正确与完整,然后与银行对账单逐笔核对。对于双方一致的记录,一般画对号以做标记,无标记的则应查明原因。

银行存款日记账与银行对账单余额不符的原因有两种:一种是本单位或银行记账差错,另一种则是有未达账项。

(三)财产物资明细账的余额与财产物资的实存数额核对

对于材料物资及固定资产等实物财产,可通过实物盘点的方法来确定其实存数量和金额,并可与有关明细账进行核对。

(四)各种应收、应付账款明细账的余额与有关债务、债权单位或个人核对

应收、应付款项的清查,采取与对方单位核对账目的方法。先检查本单位各项应收、应付款账簿记录的正确性和完整性,确保本单位记录正确无误后,再编制对账单,通过信函寄交对方单位。对方单位核对后如果相符,在回单上盖章并退回本单位;如果不符,则应在回单上注明不符情况,或另抄对账单退回,作为进一步核对的依据。如果发现记账错误,应立即查明原因,并按规定予以更正。

任务2 错账更正

在日常账务处理过程中,可能发生各种各样的差错,有数字或文字记录错误的现象,如重记、漏记、数字颠倒、数字错位、数字记错、科目记错、借贷方向记反等,从而影响会计信息的准确性。我们应及时找出差错,并予以更正。账簿记录发生错误,不准涂改、挖补、刮擦或用药水消除字迹,应按一定的方法进行更正。

一、查找错账的方法

(一)差数法

根据错账差数直接查找错误的方法叫作差数法。以下两种错账可用此法进行查找。

1.漏记或重记

因记账疏忽而漏记或重记一笔账,只要直接查找差数所在的账就查到了,这类错账最容易发生在本期内同样数字的账发生了若干笔的情况。例如错账差数是1 000元,本期内发生1 000元的账有十笔,这就可以查找1 000元的账是否漏记或重记。

2.串户

可能会发生记账串户和科目汇总串户。

(1)记账串户。如某公司在本单位有"应收账款"和"应付账款"两个账户,记账凭证是借"应收账款——某公司"500元,记账时误记为借"应付账款——某公司"500元,造成资产负债表是平衡的,但总账与明细账核对时应收账款与应付账款各发生差数500元,运用差数法到"应收账款"或"应付账款"账户中直接查找500元的记录是否串户。

(2)科目汇总串户。汇总时将借"应收账款——某公司"500元误作为借"应付账款——某公司"500元汇总,在总账与明细账核对时这两科目各发生差数500元,经过查对后如果记账没有发生串户,那么必定是科目汇总时发生差错,查明更正即可。

(二)除二法

登记账簿时,很容易发生借贷方记反或红蓝字记反的错误,即"反向"登记。"反向"登记的结果是错账差数一定是偶数,将差数除以二得到的商就是错账数,所以这种方法称为除二法,这是一种最常见而简便的查错账方法。

例如,企业某月资产负债表借贷的两方余额不相等,错账差数是 3 750.64 元,这个差数是偶数,它就存在"反向"登记的可能,那么我们可以将 3 750.64 元除以 2,得到 1 875.32 元,这样只要去查找 1 875.32 元这笔账是否"反向"登记就可以发现记账是否错误了。

如错误差数是奇数,那就没有"反向"登记的可能,就不适用于除二法。

(三)除九法

日常登账中常会发生邻数颠倒和数字移位等情况,其共同特点是错账差数一定是九的倍数,差数每个数字之和也是九的倍数,因此,这类错误均可用除九法来查找。

1. 邻数颠倒

例如,将 81 误记 18,则差数是 63,以 63 除以 9,得到 7,那么错数前后两数之差肯定是 7,这样只要查 70、81、92 及其各"颠倒数"就可以了,无须在与此无关的数字中查找。

2. 数字移位

数字移位,也称错位,俗称大小数,日常工作中较容易发生,除了它的差数和差数每个数字之和是九的倍数外,它还有一个特点,即将差数除以九得到的商就是错账数。例如将 2 000 错记为 200 或 20 000,它们的差数为 1 800 和 18 000,该差数及其每个数字之和都是 9 的倍数,将差数分别除以 9 得到的商是 200 和 2 000,只要查找这数字就能查到记账移位的错误。

(四)顺查法

当错账发生笔数较多,各种错账混杂在一起时,不能用一种方法查出,那就必须用顺查法来查。查账程序基本上与记账程序一样,每查对一笔就在账的后端做一个符号,这样一笔笔查下去就一定能查出错误。在顺查时一定要仔细认真,还必须结合以上方法。

二、错账更正方法

错账更正方法有三种:划线更正法、红字更正法、补充登记法。

(一)划线更正法

二维码 6-2

划线更正法是指用划线方式注销原有记录,从而更正错账的一种方法。适用于记账后发现记账凭证正确,而账簿记录出现文字或数字错误的情况。但是结账后严禁采用此法更止错账。

具体更正步骤如下:

(1)将整个错误的数字或文字划一条红线,表示错误内容已被注销,但要注意划掉错误数字时,应将整个数字划掉,不能只划掉其中一位或几位写错的数字,并保持被划去的字迹仍可清晰辨认。

(2)在红线上方用蓝笔或黑笔写上正确的数字或文字,并由更正人员在更正处签名盖章,以明确责任。

划线更正法的运用如表 6-1 所示。

表 6-1　总分类账

会计科目及编号　1001 库存现金　　　　　　　　　　　　　　　　　　　　　　　　　第 1 页

××××年		凭证字号	摘 要	借 方										√	贷 方										√	借或贷	余 额									
月	日			亿	千	百	十	万	千	百	十	元	角	分		亿	千	百	十	万	千	百	十	元	角	分			亿	千	百	十	万	千	百	十	元
12	1		期初余额																														4	1	4	0	0

（二）红字更正法

红字更正法是用红字冲销或冲减原记数额，以更正或调整账簿记录的一种方法。适用于以下两种情况：

（1）记账后，发现记账凭证中应借、应贷的会计科目、记账方向没有错误，只是记账金额发生错误，而且所记金额大于应记金额，从而导致账簿记录出现同样错误的情况。

具体更正步骤如下：

①将多记的金额用红字填制一张与原错误记账凭证的借贷方向及应借、应贷会计科目相同的记账凭证，在"摘要"栏中写明"冲销×年×月×日第×号凭证多记金额"。

②根据审核无误的红字记账凭证，用红字登记入账，以冲销多记的金额。

（2）记账后，发现记账凭证中应借、应贷的会计科目或记账方向有错误，且记账凭证的金额同账簿记录的金额一致。

具体更正步骤如下：

①先用红字金额填制一张与原错误记账凭证内容完全相同的记账凭证，在"摘要"栏中写明"冲销×年×月×日第×号错误凭证"。

②再用蓝字填制一张正确的记账凭证，在"摘要"栏中写明"更正×年×月×日第×号错误凭证"。

③审核红字凭证后用红字金额登记入账，冲销原有错账；审核蓝字凭证后用蓝字登记入账。

【例 6-1】2018 年 12 月 15 日，某企业与银行对账时发现一笔错账：凭证号为 011 号、编制时间为 2018 年 12 月 11 日的凭证中，从银行提取现金 3 500 元，在填制记账凭证时，误将金额填为 5 300 元，并已登记入账。

更正方法：

编制一张红字金额为 1 800 元的记账凭证，并据以记账，该凭证中日期填写为编制红字凭证的日期，按编制红字凭证时的凭证顺序编号，摘要为"冲销 2018 年 12 月 11 日第 011 号凭证多记金额"。同时，在原错误凭证摘要栏中标明"已用 12 月 15 日第 045 号凭证冲正"，以防重复更正。编制会计分录如下：

借：库存现金　　　　　　　　　　　　　　　　　　　　　1 800

　　贷：银行存款　　　　　　　　　　　　　　　　　　　　1 800

（注：□表示红字，下同）

【例 6-2】2018 年 12 月 30 日,某企业对账时发现错账:凭证号为 032 号、编制时间为 2018 年 12 月 25 日的凭证中,以银行存款支付销售货物的运输费 2 000 元,编制的会计分录如下:

　　借:在途物资　　　　　　　　　　　　　　　　　　　　　　　　　　2 000
　　　　贷:银行存款　　　　　　　　　　　　　　　　　　　　　　　　　　　2 000
已登记入账。

更正方法:

首先编制一张与原错误凭证相同的红字金额为 2 000 元的凭证,并据以登记入账,用以冲销原记账错误,在摘要栏中填入"冲销 2018 年 12 月 25 日第 032 号错误凭证",编制的红字会计分录如下:

　　借:在途物资　　　　　　　　　　　　　　　　　　　　　　　　　　$\boxed{2\ 000}$
　　　　贷:银行存款　　　　　　　　　　　　　　　　　　　　　　　　　　$\boxed{2\ 000}$

然后编制一张正确的蓝字凭证,并据以登记入账,在摘要栏中填入"更正 2018 年 12 月 25 日第 032 号错误凭证",编制的会计分录如下:

　　借:销售费用　　　　　　　　　　　　　　　　　　　　　　　　　　2 000
　　　　贷:银行存款　　　　　　　　　　　　　　　　　　　　　　　　　　　2 000

同时,在原错误凭证摘要栏中标明"已用 12 月 30 日第 047 号凭证冲正",以防重复更正。

(三)补充登记法

补充登记法是指用增记金额的方式更正错账的一种方法,适用于记账后发现记账凭证中的会计科目无错误而所记金额小于应记金额的情况。

具体更正步骤如下:

(1)将少记金额用蓝字填制一张与原错误记账凭证会计科目、记账方向相同的凭证,摘要为"补记×年×月×日第×号凭证少记金额"。

(2)根据审核后的蓝字凭证登记入账。

【例 6-3】2018 年 12 月 30 日,某企业对往来款项清查时发现错账:凭证号为 014、编制时间为 2018 年 12 月 16 日的凭证中,以银行存款 6 500 元归还前欠的购货款,在填制记账凭证时,误将金额填为 5 600 元,已登记入账。

更正方法:按差额 900 元编制蓝字记账凭证,摘要为"补记 2018 年 12 月 16 日第 014 号凭证少记金额",并据以记账,编制会计分录如下:

　　借:应付账款　　　　　　　　　　　　　　　　　　　　　　　　　　900
　　　　贷:银行存款　　　　　　　　　　　　　　　　　　　　　　　　　　　900

同时,在原错误凭证摘要栏中标明"已用 12 月 30 日第 048 号凭证补充更正",以防重复更正。

注意:在采用红字更正法及补充登记法更正错账时,原始凭证仍附于原错误记账凭证后,用以冲销的红字凭证和用以更正的蓝字凭证后可以不附原始凭证。

任务3 财产清查

财产清查就是根据账簿记录,对企业所拥有的货币资金、财产物资和往来款项进行实地盘点或核对,确定其实存数,查明账存数与实存数是否相符。

一、财产清查的分类

(一)按清查的对象和范围分类

1. 全面清查

全面清查是指对本单位的全部财产进行的盘点和核对,清查范围广,涉及的人员多,时间长,内容多。一般在以下几种情况下需进行全面清查:

二维码 6-3

(1)年终决算前,为确保年终决算会计资料真实、正确;

(2)单位破产、撤销、合并或改变隶属关系;

(3)中外合资、国内联营;

(4)开展清产核资或资产评估;

(5)单位主要负责人发生变动。

2. 局部清查

局部清查是指根据需要对本单位部分财产物资进行的清查,清查范围小,涉及的人员少,内容也少,但专业性较强。一般在以下几种情况下需进行局部清查:

(1)对于现金,应由出纳员在每日业务终了时点清,做到日清月结;

(2)对于银行存款和银行借款,至少每月同银行核对一次;

(3)对于贵重的财产物资,每月应清查盘点一次;

(4)对于债权债务,每年至少核对一至两次。

(5)对于材料、库存商品等流动性较强的物资,除在年度决算前进行全面清查外,应有计划、有重点地抽查。

(二)按清查的时间分类

1. 定期清查

定期清查是指根据预先规定的时间对财产进行的清查,一般是在年末或月末结账时进行。根据实际需要,定期清查可以是全面清查,也可以是局部清查。

2. 不定期清查

不定期清查是指根据需要所进行的临时性清查,一般是局部清查,也可以是全面清查,一般在以下几种情况下进行:

(1)更换出纳、财产物资保管员时;

(2)发生非常灾害和意外损失时;

(3)上级主管部门、财政、税务、银行以及审计部门进行临时检查时;

(4)临时性的清产核资、资产评估等。

二、财产清查的组织

财产清查之前,应在业务上和组织上做好准备工作,成立财产清查领导小组,按照一定的程序进行清查。

(一)组织准备

财产清查前必须成立专门清查小组,由其具体负责清查的组织和领导工作。

(二)业务准备

各业务部门,特别是财务部门和会计人员,应积极做好各方面的准备工作。具体工作如下:

(1)财务部门和会计人员应将有关账目登记齐全,结出余额,核对清楚。做到记录完整、计算准确、账证相符、账账相符,为财产清查提供正确、可靠的依据。

(2)财产物资保管部门和保管人员应整理好截至清查日所有经济业务的凭证,全部登记入账,并结出余额。对所保管的各种财产物资,应整理、排列清楚,挂上标签,标明品种、规格和结存数量,以便盘点查对。

(3)准备好各种必要的计量器具和有关清查的登记表册,如盘点表、实存账存对比表等。

(4)银行存款和借款及结算款项需要与银行联系,取得对账单,以便查对。

三、财产清查的方法

(一)库存现金的清查方法

库存现金的清查采用实地盘点的方法,确定库存现金的实存数,再与现金日记账的金额进行核对,以查明账实是否相符。一般是根据现金日记账的当天余额来清查库存现金的,必要时还可采用突出盘点的方法。

为明确责任,盘点时,出纳员必须在场,重点清查现金是否短缺,是否有以白条抵充现金等非法挪用现金、舞弊现象,库存现金有无超过限额,等等。盘点后,应根据盘点的结果,填制库存现金盘点报告表。库存现金盘点报告表是重要的原始凭证,它既起盘存单的作用,又起实存账存对比表的作用,由盘点人和出纳员共同签章方能生效。库存现金盘点报告表的格式如表 6-2 所示。

表 6-2　库存现金盘点报告表

单位名称:　　　　　　　　　　××××年 12 月 31 日　　　　　　　　　　单位:元

实存金额	账存金额	差　异		备　注
		盘　盈	盘　亏	
1 700.00	1 710.00		10.00	

盘点人(签章):王一　　　　　　　　　　　　　　　　　　　　出纳(签章):李三

（二）银行存款的清查方法

银行存款的清查采用与开户银行转来的对账单进行核对的方法，以查明银行存款的实有数。

实际工作中，银行存款日记账的余额和银行对账单的余额往往不相符。不相符的主要原因是存在未达账项或记账存在错误。

未达账项是指企业与银行之间对于同一笔款项，凭证传递上存在时间差，导致一方已取得结算凭证并已登记入账，而另一方由于尚未取得结算凭证尚未入账。未达账项有四种情况，如表6-3所示。

表6-3　未达账项的四种情况

情　况	结　果	解决方法
企业已收，银行未收	银行存款日记账余额＞银行对账单余额	编制银行存款余额调节表，查明银行存款可用余额
企业已付，银行未付	银行存款日记账余额＜银行对账单余额	
银行已收，企业未收	银行存款日记账余额＜银行对账单余额	
银行已付，企业未付	银行存款日记账余额＞银行对账单余额	

现举例说明银行存款余额调节表的具体编制方法。

【例6-4】某企业××××年12月银行存款日记账及银行对账单如表6-4、表6-5所示。

表6-4　银行存款日记账

单位：元

××××年		记账凭证		摘　要	结算凭证		收　入	支　出	余　额
月	日	字（略）	号（略）		种　类	号　数			
12	1			期初余额					157 500
	2			收前欠货款	电汇	20	35 100		192 600
	8			票据到期收款	银汇	45	117 000		309 600
	10			购机器设备	转支	36		80 000	229 600
	18			收销货款	电汇	58	5 000		234 600
	22			付购料款	转支	37		70 200	164 400
	27			收销货款	信汇	27	46 800		211 200
	30			付购料款	转支	38		10 000	201 200

表 6-5　银行对账单

单位:元

××××年		摘　要	结算凭证		收　入	支　出	余　额
月	日		种　类	号　数			
12	1	期初余额					157 500
	2	收前欠货款	电汇	20	35 100		192 600
	8	票据到期收款	银汇	45	117 000		309 600
	10	购机器设备	转支	36		80 000	229 600
	18	收销货款	电汇	58	5 000		234 600
	22	付购料款	转支	37		70 200	164 400
	26	付电费	信汇	27		40 000	124 400
	30	收销货款	转支	108	234 000		358 400

经核对,发现银行存款日记账上有两笔未达账项:

12 月 27 日,销售产品收到面额为 46 800 元的支票一张,将款项存入银行,银行尚未记账。

12 月 30 日,开出支票支付中天公司材料款 10 000 元,银行尚未记账。

银行对账单上也有两笔未达账项:

12 月 26 日,代企业支付电费 40 000 元,企业尚未记账。

12 月 30 日,客户转入 234 000 元货款,企业尚未记账。

根据以上资料编制银行存款余额调节表(见表 6-6),调整银行存款日记账与银行对账单余额。

表 6-6　银行存款余额调节表

编制单位:　　　　　　　　　　××××年 12 月 31 日　　　　　　　　　　单位:元

项　目	金　额	项　目	金　额
企业银行存款日记账余额	201 200	银行对账单余额	358 400
加:银行已收,企业未收账项	234 000	加:企业已收,银行未收账项	46 800
减:银行已付,企业未付账项	40 000	减:企业已付,银行未付账项	10 000
调整后余额	395 200	调整后余额	395 200

调节后的余额相等,说明双方记账相符,否则说明记账有错误,应予以更正。调节后的余额,是企业银行存款的真正实有数额,是企业实际可以动用的款项。

需要注意的是,银行存款余额调节表只起到对账的作用,不能作为调节账面余额的凭证,待收到有关凭证之后(即未达账项变成已达账项),再与正常业务一样进行账务处理。

（三）实物资产的清查方法

实物资产的清查主要采用实地盘点法和技术推算法。

实地盘点法是在财产物资存放的地点通过过磅、丈量等方法确定其实存数,适用于以件或台为计量单位的产成品或机器设备以及以千克、吨为计量单位的材料。

技术推算法是先测量物资的体积,再测算其单位体积,然后计算总重量的方法,适用于堆垛量很大,不便一一清点,单位价值又比较低的实物的清查,如露天堆放的燃料用煤。

对于实物资产的清查,应从数量和质量两个方面进行,盘点财产物资时,有关财产物资的保管人员必须在场,并参加盘点工作。

对于财产物资的盘点结果,应逐一如实地登记在盘存单上,并由参加盘点的人员和实物保管人员同时签章。盘存单是各项财产物资实存数量的书面证明,也是财产清查工作的原始凭证之一,其一般格式如表 6-7 所示。

表 6-7　盘存单

盘点时间:××××年 12 月 31 日　　　　　　　　　　　　　　　　　　　　编号:021
财产类别:材料　　　　　　　　　　　　　　　　　　　　　　　　　　存放地点:仓库 2

编　号	名　称	数量/吨	单位成本/元	总成本/元	备　注
130101	甲材料	300	150	45 000	
130102	乙材料	100	50	5 000	

盘点人(签章):王一　　　　　　　　　　　　　　　　　　　实物保管人(签章):方方

盘点完毕,将盘存单中所记录的实存数额与账面结存额核对,发现某些财产物资账实不符时,填制账存实存对比表,确定财产物资盘盈或盘亏的数额。账存实存对比表是财产清查的重要报表,是调整账面记录的原始凭证,也是分析盈亏原因、明确经济责任的重要依据,应严肃认真地填制。账存实存对比表的一般格式如表 6-8 所示。

表 6-8　账存实存对比表

编　号	品名及规格	单位成本/元	账存数		实际盘点数		差　异			
							盘　盈		盘　亏	
			数量/吨	金额/元	数量/吨	金额/元	数量/吨	金额/元	数量/吨	金额/元
130101	甲材料	150	310	46 500	300	45 000			10	1 500

主管:　　　　　　　　　　会计:　　　　　　　　　　　制表:方方

(四)往来款项的清查方法

往来款项包括各种应收款、应付款、预收款和预付款,往来款项的清查一般采用函证法。具体做法是:首先,检查核对本单位的往来款项的账面记录,保证准确无误;然后编制往来款项对账单,一式两份,一份留存,一份通过电函、信函或面询等方式寄给对方,请对方单位或个人核对;对方单位或个人核对后,在对账单上注明相符或不相符的情况并盖章签字后寄回本单位。

往来款项对账单的格式如表 6-9 所示。

表 6-9　往来款项对账单

_____公司：		
根据我单位账簿记录，贵公司与我单位的往来款项如下：		
查账日期	我方欠贵公司	贵公司欠我方

请贵公司核对无误后签章证明，将此信寄回，如有不符，请将情况(包括时间、内容、金额、不符原因)告知。

(注：本函仅用于对账，如查账日期后已付清，仍请函复)

(回函)

_____单位：

来函收悉，在来信所述的查账日期，本公司与贵方的往来账目，经核对

相符

_____

不相符(附清单)

单位(签章)

年 月 日

收到上述回单后，本单位编制往来款项清查结果报告表，如表 6-10 所示，针对具体情况及时采取措施予以解决。

表 6-10　往来款项清查结果报告表

总账名称：　　　　　　　　年 月 日

明细账		清查结果		核对不符的原因			备注
名　称	账面余额	核对相符金额	核对不符金额	未达账项金额	有争议款项金额	其他	

清查人员(签章)：　　　　　　　　　　　　记账人员(签章)：

四、财产清查结果的账务处理

(一)设置会计账户

设置"待处理财产损溢"账户，其是资产类账户，用以核算各种财产的盘盈、盘亏和毁损及其处理情况。该账户借方登记待处理财产物资的盘亏、毁损数和转销已批准处理的盘盈数，贷方登记待处理财产物资的盘盈数和转销已批准处理的盘亏、毁损数；借方余额表示尚待批准处理的财产净损失，贷方余额表示尚待批准处理的财产净盈余；期末处理后应无余额。

二维码 6-5

(二)财产清查结果账务处理的步骤

1. 领导审批前

根据清查过程中取得的盈亏原始凭证填制记账凭证,并据以登记有关账簿,调整账簿。

2. 领导审批后

根据领导对所呈报的财产清查结果的处理意见填制记账凭证,登记有关账簿,结清待处理财产物资的数额。

(三)库存现金清查结果的账务处理

1. 现金短缺

发生现金短缺后,应先根据现金盘点报告表借记"待处理财产损溢"科目,贷记"库存现金"科目,据以调整账簿记录,并及时查明原因,上报审批;无法查明原因的记入"管理费用"科目,由责任人赔偿的记入"其他应收款"科目。

【例 6-5】12 月 31 日,某企业在对现金进行清查时,发现短缺 80 元。

审批前,编制会计分录如下:

借:待处理财产损溢 80
　　贷:库存现金 80

审批后,若上述现金短缺无法查明原因,则转入管理费用,编制会计分录如下:

借:管理费用 80
　　贷:待处理财产损溢 80

若现金短缺是由出纳造成的,则令其赔偿,编制会计分录如下:

借:其他应收款——×××　 80
　　贷:待处理财产损溢 80

2. 现金溢余

发生现金溢余后,应先根据现金盘点报告表借记"库存现金"科目,贷记"待处理财产损溢"科目,据以调整账簿记录,并及时查明原因,上报审批;无法查明原因的记入"营业外收入"科目,应支付的记入"其他应付款"科目。

【例 6-6】12 月 31 日,某企业在对现金进行清查时,发生溢余 100 元。

审批前,编制会计分录如下:

借:库存现金 100
　　贷:待处理财产损溢 100

若现金溢余原因不明,则经批准记入营业外收入,编制会计分录如下:

借:待处理财产损溢 100
　　贷:营业外收入——盘盈利得 100

若现金溢余是因少支付员工李某,则编制会计分录如下:

借:待处理财产损溢 100
　　贷:其他应付款——李某 100

（四）存货清查结果的账务处理

1. 存货盘盈

发生存货盘盈后,应及时办理盘盈存货的入账手续,调整存货账面记录,借记有关存货账户,贷记"待处理财产损溢"账户;经有关部门批准后,借记"待处理财产损溢"账户,贷记"管理费用"账户。

【例 6-7】某企业在财产清查过程中盘盈材料一批,价值 600 元。

在批准前,根据账存实存对比表所载明的盘盈数,编制会计分录如下:

借:原材料　　　　　　　　　　　　　　　　　　　　　　　　600
　　贷:待处理财产损溢　　　　　　　　　　　　　　　　　　　　　　600

在报经批准后,编制会计分录如下:

借:待处理财产损溢　　　　　　　　　　　　　　　　　　　　600
　　贷:管理费用　　　　　　　　　　　　　　　　　　　　　　　　600

2. 存货盘亏和毁损

存货发生盘亏和毁损后,在报批前按盘亏存货账面价值转入"待处理财产损溢"账户,待批准后根据不同情况,分别进行处理。

属于定额内的自然损耗,按规定转作管理费用。

属于超定额损耗及存货毁损,能确定过失人的,应由过失人赔偿;属保险责任范围的,应由保险公司理赔。扣除过失人或保险公司赔偿和残值后,记入"管理费用"。

属于自然灾害所造成的存货损失,扣除保险公司赔款和残值后,记入"营业外支出"。

【例 6-8】某企业在财产清查中发现甲材料盘亏 5 000 元。假设不考虑相关税费。

在审批前,根据账存实存对比表中的数据,编制会计分录如下:

借:待处理财产损溢　　　　　　　　　　　　　　　　　　　5 000
　　贷:原材料——甲材料　　　　　　　　　　　　　　　　　　　5 000

经查,甲材料盘亏中 200 元属定额内损耗;300 元是由保管员保管不善造成的,责令其赔偿;4 500 元是由自然灾害造成的,可以从保险公司取得赔款 3 000 元。

根据盘亏、毁损的原因及审批意见,编制会计分录如下:

借:管理费用　　　　　　　　　　　　　　　　　　　　　　200
　　其他应收款——保管员　　　　　　　　　　　　　　　　　　300
　　其他应收款——保险赔款　　　　　　　　　　　　　　　　3 000
　　营业外支出　　　　　　　　　　　　　　　　　　　　　　1 500
　　贷:待处理财产损溢　　　　　　　　　　　　　　　　　　　5 000

（五）固定资产清查结果的账务处理

1. 固定资产盘盈

企业在财产清查中发现盘盈的固定资产,作为前期差错处理,按重置价值,借记"固定资产"账户,贷记"以前年度损益调整"账户。

【例 6-9】某企业在财产清查中发现账外设备复印机 1 台,其重置价值为 5 000 元,应编制会计分录如下:

借:固定资产   5 000
  贷:以前年度损益调整   5 000

2.固定资产盘亏

在财产清查中如发现固定资产盘亏,企业应及时办理固定资产注销手续。在报批前,按盘亏固定资产净值,借记"待处理财产损溢"账户;按已提折旧额,借记"累计折旧"账户;按原值贷记"固定资产"账户。

【例6-10】企业在财产清查中发现盘亏管理部门的设备电脑主机1台,原价为4 000元,已提折旧1 500元。在报批前,作会计分录如下:

借:待处理财产损溢   2 500
  累计折旧   1 500
  贷:固定资产   4 000

报批后,按过失人及保险公司的应赔偿款,借记"其他应收款"账户;按盘亏固定资产的原值扣除累计折旧和过失人及保险公司赔款后的差额,借记"营业外支出"账户;按盘亏固定资产的净损失,贷记"待处理财产损溢"账户。

上述盘亏固定资产按规定程序报经批准后,责令责任人王伟赔偿500元,其余转销,编制会计分录如下:

借:其他应收款——王伟   500
  营业外支出   2 000
  贷:待处理财产损溢   2 500

(六)往来款项清查结果的账务处理

在财产清查中,对于长期收不回来的应收账款(即坏账),要按既定的程序予以核销,借记"坏账准备",贷记"应收账款"。对于无法支付的款项,借记"应付账款",贷记"营业外收入"。

【例6-11】某企业在财产清查中发现有一笔应收款已超过规定年限,按规定转为坏账处理,金额为6 000元。

根据有关凭证及审批手续,编制会计分录如下:

借:坏账准备   6 000
  贷:应收账款——××客户   6 000

【例6-12】某企业在财产清查中发现一笔应付款项因债权单位已不存在无法支付,按规定应予核销,金额为4 000元。

根据有关凭证及审批手续,做会计分录如下:

借:应付账款——××客户   4 000
  贷:营业外收入   4 000

任务4 结账

结账就是会计期末(月末、季度末、年末)将本期应记的经济业务全部登记入账后,结算、登记各种账簿"本期发生额"和"期末余额"的工作。习惯上将每年1—11月的结账工作称为月结,将每年12月的结账工作称为年结。

一、结账前的准备工作

(1)查明在这个时期内所发生的经济业务是否已经全部取得凭证,并已记入有关账簿。

(2)清理债权、债务,该索要的及时索要,该偿还的及时偿还。

(3)已经生产完成的产品、半成品及时结转数量、成本。

(4)通过财产清查发现的财产物资的盘盈、盘亏,应及时按照规定转账。

(5)根据权责发生制原则,将应当归属于本期的收益、费用和应该摊销或预提的费用进行整理、计算、入账。

(6)将各种收入、成本、费用、销售、营业外收入、营业外支出等有关计算成本和财务成果的各账户余额结转至有关账户。

二、结账的方法

二维码 6-6

(一)总账结账的方法

月结时只需结计月末余额,并在账户的最后一条业务记录下划一条通栏单红线。年终结账时,为了反映全年各项资产、负债及所有者权益增减变动的全貌,便于核对账目,要将所有总账账户结计全年发生额和年末余额,先在该年最后一条业务记录下划一条通栏单红线,然后在下行结计出借、贷方本年发生额合计数,并在摘要栏内注明"本年合计"字样,并在下面划通栏双红线。如表6-11所示。

表 6-11　总分类账

会计科目　1002 银行存款　　　　　　　　　　　　　　　　　　　　第 2 页

××××年		凭证字号	摘要	借方											贷方											借或贷	余额										✓
月	日			亿	千	百	十	万	千	百	十	元	角	分	亿	千	百	十	万	千	百	十	元	角	分		亿	千	百	十	万	千	百	十	元	角	分	
11	10		承上页			2	2	3	8	1	0	0	0	0			2	4	6	0	0	0	0	0	0	借			2	2	9	6	0	0	0	0	
	20	科汇 02	11—20 日汇总					5	0	0	0	0	0													借			2	3	4	6	0	0	0	0	
	30	科汇 03	21—30 日汇总				4	6	8	0	0	0	0					8	0	2	0	0	0	0	0	借			2	0	1	2	0	0	0	0	
12	10	科汇 01	1—10 日汇总				3	7	6	4	0	0	0					1	4	6	9	6	0	0	0	借			4	3	0	6	4	0	0	0	
	20	科汇 02	11—20 日汇总															1	3	9	3	0	0	0	0	借			2	9	1	3	4	0	0	0	
	31	科汇 03	21—31 日汇总				1	4	0	4	0	0	0					7	6	5	0	0	0	0	0	借			2	2	8	8	8	0	0	0	
			本年合计		2	6	8	0	3	4	0	0	0			2	9	0	2	9	6	0	0	0													
			结转下年																																		

(二)日记账结账的方法

现金日记账、银行存款日记账月结时,先在最后一笔经济业务记录下面划一条通栏单红线,再在下行结出本月发生额和余额,并在摘要栏内注明"本月合计"字样,然后在下面划一条通栏单红线。年结时,不需结计本年累计发生额,在 12 月"本月合计"行下面划通栏双红线即可。如表6-12所示。

表 6-12　银行存款日记账

第 1 页

开户银行 _____
账　　号 _____

××××年		凭证字号	银行凭证	摘要	对应科目	借方											贷方											借或贷	余额											✓
月	日					亿	千	百	十	万	千	百	十	元	角	分	亿	千	百	十	万	千	百	十	元	角	分		亿	千	百	十	万	千	百	十	元	角	分	
12	25			承前页					3	7	6	4	0	0	0	0				2	9	1	2	6	0	0	0	借				2	8	6	3	4	0	0	0	
	23	记20		现销材料	其他业务收入					1	4	0	4	0	0	0												借				3	0	0	3	8	0	0	0	
	25	记21	委收	付违章款	营业外支出																2	0	0	0	0	0	借				2	9	8	3	8	0	0	0	
	28	记22	支3207	付房租	管理费用																9	5	0	0	0	0	借				2	8	8	8	8	0	0	0	
	29	记23		付长期借款利息	应付利息																6	0	0	0	0	0	借				2	8	2	8	8	0	0	0	
				本月合计					3	9	0	4	4	0	0	0				3	6	2	7	6	0	0	0													
				结转下年																																				

（三）明细账结账方法

（1）不需要按月结计本期发生额的账户，如各项应收款明细账、各项财产物资明细账等，每次记账以后，都要结出余额，每月最后一笔余额即月末余额。也就是说，月末余额就是本月最后一笔经济业务记录的同一行内的余额。月末结账时，只需要在最后一笔经济业务记录之下划一条通栏单红线，不需要再结计一次余额。如表6-13、表6-14所示。

（2）需要按月结计发生额以及结计本年累计发生额的明细账户，如收入、费用等明细账，月结时，先在最后一笔经济业务记录下面划一条通栏单红线，在下行结出本月发生额和余额，在摘要栏内注明"本月合计"字样，然后在下面划一条通栏单红线；接着在"本月合计"行下结计自年初起至本月末止的累计发生额，登记在月份发生额下面，在摘要栏内注明"本年累计"字样，并在下面划一条通栏单红线。12月末的"本年累计"就是全年累计发生额，并在全年累计发生额下划通栏双红线。如表6-15、表6-16所示。

表 6-13　应收账款明细账

一级科目:应收账款　　　　　　　二级科目:大光公司

2016年		凭证		摘要	借方									贷方									借或贷	余额								
月	日	种类	号数		百	十	万	千	百	十	元	角	分	百	十	万	千	百	十	元	角	分		百	十	万	千	百	十	元	角	分
4	1			承前页		5	6	0	0	0	0	0	0		5	3	6	0	0	0	0	0	借			7	0	0	0	0	0	0
	12	转	12	销售二丙烯基醚产品			4	6	8	0	0	0	0										借		1	1	6	8	0	0	0	0
	15	收	13	收到上月欠款												4	0	0	0	0	0	0	借			7	6	8	0	0	0	0
	16	转	17	销售二丙烯基醚产品			2	3	4	0	0	0	0										借		1	0	0	2	0	0	0	0
	30			本月合计			7	0	2	0	0	0	0			4	0	0	0	0	0	0	借		1	0	0	2	0	0	0	0
	30			本年累计	6	3	0	2	0	0	0	0	5	7	6	0	0	0	0	0	0											

表6-14 原材料——进销存

部类＿＿＿　产地＿＿＿　规格＿＿＿　品名　甲材料＿＿＿

总第　页
分第 1 页

XXXX年		凭证字号	摘要	收入			发出			结存			√
月	日			数量/千克	单价/元	金额	数量/千克	单价/元	金额	数量/千克	单价/元	金额	
12	1		期初结存							8 500	100	850 000.00	
	5	领200301	生产领用				400	100	40 000.00	8 100	100	810 000.00	
	8	领200302	生产领用				1 200	100	120 000.00	6 900	100	690 000.00	
	8	领200303	生产领用				1 500	100	150 000.00	5 400	100	540 000.00	
	10	入10344	购入	1 000	100	100 000.00				6 400	100	640 000.00	
	13	入10345	购入	4 000	100	400 000.00				10 400	100	1 040 000.00	
	14	领200304	生产领用				1 800	100	180 000.00	8 600	100	860 000.00	
	17	领200305	生产领用				100	100	10 000.00	8 500	100	850 000.00	
	21	领200306	生产领用				500	100	50 000.00	8 000	100	800 000.00	
	21	领200307	行政领用				20	100	2 000.00	7 980	100	798 000.00	
	23	领200309	对外销售				100	100	10 000.00	7 880	100	788 000.00	

表 6-15　管理费用明细账

××××年 月	日	凭证字号	摘要	借方 合计	办公费	水电费	房屋租赁费	差旅费	折旧费
11	30		承前页	421 000.00					
11	30	记44	摊销房屋装修费	1 000.00			1 000.00		500.00
11	30	记57	结转费用	521 000.00					
			本月合计	521 000.00	500.00	5 800.00	8 500.00	2 400.00	500.00
			本年累计	569 800.00	500.00	5 800.00	15 000.00	2 400.00	7 000.00
12	9	记09	购零星办公用品	885.00	885.00				
12	20	记17	付电费	1 400.00		1 400.00			
12	28	记22	付房租	9 500.00			9 500.00		
12	29	记24	行政部报销差旅费	5 500.00				5 500.00	
12	31	记25	计提折旧	500.00					500.00
12	31	记26	摊销租房装修费	10 000.00			10 000.00		
12	31	记28	分配职工工资	20 000.00					
12	31	记29	计提社会保险费	5 200.00					
12	31	记33	领用材料	2 000.00					
12	31	记38	结转费用	57 495.00					
			本月合计	57 485.00	885.00	1 400.00	19 500.00	5 500.00	500.00
			本年累计	627 285.00					

注：受纸张限制，本表右侧未显示完整，仅展示管理费用明细账格式

表 6-16 生产成本明细账

总账科目 生产成本
产品名称 A产品
规格型号
计量单位 个

第 1 页
连续第 页

××××年 月	日	凭证字号	摘要	合计	成本项目 直接材料	成本项目 直接人工	成本项目 制造费用
12	31	记28	分配工资费用	500000.00		500000.00	
	31	记29	计提社会保险费	80000.00		80000.00	
	31	记33	领用材料	410000.00	410000.00		
	31	记34	分配制造费用	46500.00			46500.00
			本月合计	514500.00	410000.00	580000.00	46500.00
			期末余额	514500.00	410000.00	580000.00	46500.00

(3)需要结计本月发生额的某些账户,如果本月只发生一笔经济业务,由于这笔记录的金额就是本月发生额,因此结账时只要在此行记录下划一条通栏单红线,表示与下月的发生额分开就可以了,不需另结出"本月合计"数,如表 6-17 所示。

表 6-17 明细分类账

第 1 页

科目编号 _____   明细科目 _____   总账科目 短期借款
连续第 页

××××年 月	日	凭证字号	摘要	借方	√	贷方	√	借或贷	余额
11	2	记05	从工行借入流动资金			20000000.00		借	20000000.00

午终时,要把各账户的余额结转到下一会计年度,只在摘要栏注明"结转下年"字样,结转金额不再抄写。如果账页的"结转下年"行以下还有空行,应当自余额栏的右上角至日期栏的左下角用红笔划对角斜线注销。在下一会计年度新建有关会计账簿的第一行余额栏内填写上年结转的余额,并在摘要栏注明"上年结转"字样,如表 6-18 所示。

表 6-18　银行存款日记账

开户银行＿＿＿＿＿＿＿

账　　号＿＿＿＿＿＿＿

××××年		凭证字号	银行凭证	摘　要	对应科目	借　方										贷　方										借或贷	余　额										✓
月	日					亿	千	百	十	万	千	百	十	元	角	分	亿	千	百	十	万	千	百	十	元	角	分		亿	千	百	十	万	千	百	十	元	角	分	
1	1			上年结转																								借			2	2	8	8	8	0	0	0	

三、会计账簿的更换

在会计年度终了，需要将上年旧账更换为新账。总账、日记账和多数明细账应每年更换一次，备查账簿可以连续使用。

（一）账簿更换的具体做法

首先检查本年度账簿记录，在年终结账时是否全部结清，然后在新账中有关账户的第一行日期栏内注明 1 月 1 日，摘要栏内注明"上年结转"或"年初余额"字样，将上年的年末余额以同方向记入新账中的余额栏内，并在借或贷栏内注明余额的方向（借方还是贷方）。需要注意的是，新旧账簿更换时账户余额结转不编制记账凭证，也不要记入借方栏或贷方栏，而是直接记入余额栏，因此对应的凭证号栏、借方栏和贷方栏无须填制。

（二）更换新账的程序

年度终了，在本年有余额的账户"摘要"栏内注明"结转下年"字样。在更换新账时，注明各账户的年份，在第一行"日期"栏内写明 1 月 1 日；"凭证种类号数"栏空置不填；在新账"摘要"栏内注明"上年结转"字样；将各账户的年末余额直接抄写入新账余额栏内，并注明余额的方向。过入新账的有关账簿余额的结转事项，不需要编制记账凭证。

在新的会计年度建账并不是所有账簿都要更换为新的。一般来说，现金日记账、银行存款日记账、总分类账、大多数明细分类账应每年更换一次。但是，有些财产物资明细账和债权债务明细账，由于材料品种、规格和往来单位较多，更换新账，重抄一遍，工作量较大，因此，可以跨年度使用，不必每年更换一次。第二年使用时，可直接在上年终了的双红线下面记账。固定资产明细账由于一年内变化不大可以连续使用，各种备查账簿也可以连续使用。

■■■■ 思考题

1.期末需要调整的账项有哪些？如何进行核算？如何编制会计分录？

2.何时进行对账工作？对账的内容包括哪些？

3.怎样进行账证、账账和账实核对？

4.财产清查的内容包括哪些？有哪些具体方法？

5.如何处理账实不符的情形？

6.如何编制银行存款余额调节表？

7.更正错账的方法有哪些？如何运用？

8.错账更正一定是在对账后吗？

9.会计期末如何结账？结账时一定要划红线吗？

10.年度账如何更换？

■■■ 自测题

二维码 6-7

财务报表编制

1.能编制试算平衡表,进行试算平衡;

2.能根据总账、明细账准确编制资产负债表和利润表。

1.掌握财务报表组成内容及编制要求;

2.掌握资产负债表及编制要点;

3.掌握利润表及编制要点;

4.了解现金流量表的编制。

任务1 了解财务报表

企业应当以持续经营为基础,根据实际发生的交易和事项,按照《企业会计准则——基本准则》和其他各项会计准则的规定进行确认和计量,在此基础上编制财务报表。

一、财务报表的概念

财务报表是财务报告的主体和核心,是通过一定的会计方法和程序,在会计账簿记录的基础上整理而成,以表格的形式反映企业财务状况、经营成果和现金流量的书面文件。

二维码 7-1

财务报表包括资产负债表、利润表、现金流量表、所有者权益(股东权益)变动表以及附注,简称“四表一注”。附注是对资产负债表、利润表、现金流量表等报表中列示项目所做的进一步说明,以及对未能在报表中列示的项目的说明等,以更加全面、系统地反映企业财务状况、经营成果和现金流量,提供更为全面的决策信息。本教材主要介绍资产负债表和利润表。

二、财务报表的分类

依据所反映的经济内容、编报期间、服务对象和编制主体不同,可将财务报表划分为不同类别,详见表7-1。

表 7-1 财务报表的分类

分类依据	类 别	释 义
经济内容	静态报表	反映企业某一特定日期财务状况的报表,如资产负债表
	动态报表	反映企业一定期间经营成果或现金流量情况的报表,如利润表、现金流量表
编报期间	年度财务报表	又称年报、决算报告,企业于年末编报,揭示完整信息,反映全面情况
	中期财务报表(半年报、季报、月报)	企业于年度中期期末、季度末和月末编报,至少应当包括资产负债表、利润表和现金流量表
服务对象	外部报表	其格式和内容由财政部统一规定,企业按照《企业会计准则》的要求编制,对外提供会计信息
	内部报表	其是根据企业内部管理需要而编制的会计报表,一般不需要对外报告,没有统一的编制要求与格式
编制主体	个别财务报表	由企业在自身会计核算基础上对账簿记录进行加工而编制的财务报表,主要用于反映企业自身的财务状况、经营成果和现金流量情况
	合并财务报表	以母公司和子公司组成的企业集团为会计主体,由母公司编制的,综合反映企业集团整体财务状况、经营成果和现金流量的财务报表

三、财务报表的编制要求

(一)真实可靠

单位应当以实际发生的交易或者事项为依据进行确认、计量,将符合会计要素定义及确认条件的资产、负债、所有者权益、收入、费用和利润等如实反映在财务报表中,不得根据虚构的、没有发生的、尚未发生的交易或者事项进行确认、计量和报告,也不得故意歪曲经济业务的实质,扭曲财务报表所反映的事实。

(二)全面完整

应按规定的财务报表构成内容编报全部内容,对已有的经济活动及与报告对象决策有关的各种信息都在财务报表中提供,表中的项目和内容必须按规定填列完整,对规定填列的报表指标,无论是表内项目还是补充资料,都必须填列齐全,不得遗漏。

（三）编报及时

单位对于已经发生的交易或者事项，应当及时进行确认、计量和报告，以提高信息的时效性，帮助财务报表使用者及时决策。为了保证编报及时，单位平时就应按照规定的时间做好记账、算账和对账工作，做到日清月结，按照规定的期限编制完成财务报表并对外报出，不得延迟，但也不能为赶编报表而提前结账。

（四）便于理解

单位提供的会计信息应当清晰明了，便于财务会计报表使用者理解和使用。某些复杂的信息，如交易本身较为复杂或者会计处理较为复杂，但与使用者决策相关，还应当在财务报表中予以充分说明。

四、财务报表编制前的准备工作

（1）严格审核会计账簿的记录和有关资料；

（2）进行全面财产清查，核实债务，并按规定程序报批，进行相应的会计处理；

（3）按规定的结账日进行结账，结出有关会计账簿的余额和发生额，并核对各会计账簿的余额；

（4）检查相关的会计核算是否按照国家统一的会计制度的规定进行；

（5）检查是否存在因会计差错、会计政策变更等需要调整前期或本期相关项目的情况等。

任务2 资产负债表的编制

资产负债表是反映企业某一特定日期（如月末、季度末、半年末、年末）财务状况的报表。它是根据"资产＝负债＋所有者权益"会计等式编制的，反映的是企业某一时点上关于财务状况的静态信息。

一、资产负债表的作用

资产负债表可以提供某一日期资产的总额及结构，表明企业拥有或控制的经济资源及其分布情况。

资产负债表可以反映某一日期负债的总额及结构，表明企业未来需要用多少资产或劳务清偿债务以及清偿时间。

资产负债表可以反映所有者权益的情况，表明投资者在企业资产中所占的份额，便于其了解所有者权益的构成情况，据以判断资本保值、增值的情况以及对负债的保障程度。

资产负债表还能够提供财务分析的基本资料，如通过资产负债表将流动资产与流动负债进行比较，将速动资产与流动负债进行比较，可以计算流动比率、速动比率等，以了解企业的短期偿债能力，从而有助于财务报表使用者做出经济决策。

二、资产负债表的结构和内容

资产负债表由表头、表体、补充资料三个部分组成,如表7-2所示。

表头部分主要列示表名、编制日期、编制单位和金额单位。

表体部分的格式主要有账户式和报告式两种,我国现行的企业资产负债表采用账户式格式,根据"资产=负债+所有者权益"会计等式设计,以表格的形式反映资产负债表的基本内容。分为左方和右方,左方列示资产,右方列示负债和所有者权益。

资产项目按其流动性或变现能力强弱依次有序排列,负债项目按到期日期由近及远排列,先流动负债,后非流动负债,所有者权益项目按永久性依次有序排列。

资产各项目的合计数等于负债和所有者权益各项目的合计数。表中列明"年初余额"和"期末余额"两栏,借以分析、比较资产、负债和所有者权益等项目的增减变动情况。

补充资料是对资产负债表编制基础、编制依据、编制原则和方法以及主要项目等进行的解释。

表7-2 资产负债表

会企 01 表

编制单位:　　　　　　　　　　　年　月　日　　　　　　　　　　　单位:元

资 产	期末余额	年初余额	负债和所有者权益	期末余额	年初余额
流动资产:			流动负债:		
货币资金			短期借款		
以公允价值计量且其变动计入当期损益的金融资产			以公允价值计量且其变动计入当期损益的金融负债		
衍生金融资产			衍生金融负债		
应收票据及应收账款			应付票据及应付账款		
预付款项			预收款项		
其他应收款			应付职工薪酬		
存货			应交税费		
持有待售资产			其他应付款		
一年内到期的非流动资产			持有待售负债		
其他流动资产			一年内到期的非流动负债		
流动资产合计			其他流动负债		
非流动资产:			流动负债合计		
可供出售金融资产			非流动负债:		
持有至到期投资			长期借款		
长期应收款			应付债券		
长期股权投资			其中:优先股		
投资性房地产			永续债		
固定资产			长期应付款		
在建工程			预计负债		

续　表

资　产	期末余额	年初余额	负债和所有者权益	期末余额	年初余额
生产性生物资产			递延收益		
油气资产			递延所得税负债		
无形资产			其他非流动负债		
开发支出			非流动负债合计		
商誉			负债合计		
长期待摊费用			所有者权益(或股东权益):		
递延所得税资产			实收资本(或股本)		
其他非流动资产			其他权益工具		
非流动资产合计			其中:优先股		
			永续债		
			资本公积		
			减:库存股		
			其他综合收益		
			盈余公积		
			未分配利润		
			所有者权益(或股东权益)合计		
资产总计			负债和所有者权益(或股东权益)总计		

注:此表适用于尚未执行新金融准则和新收入准则的企业

三、资产负债表的编制方法

(一)准备工作

(1)核对账簿记录,调整和结转有关账项,做到账账相符、账实相符,这样才能保证会计报表的质量。

二维码 7-2

(2)对于本期应进行摊提的各项目均应按规定比例、规定计提基数、规定期限计算摊提数额,如各项资产减值准备的计提、无形资产的摊销等。

(3)结出资产、负债和所有者权益账户的期末余额,并编制试算平衡表,进行试算平衡。

(二)资产负债表表头部分的编制

编制单位指的是资产负债表的会计主体。编制日期指的是资产负债表报告期间的最后截止日。如 1 月份的资产负债表,其编制日期为 1 月 31 日;第一季度的资产负债表,其编制日期为 3 月 31 日;年度资产负债表,其编制日期为 12 月 31 日。金额单位指的是资产负债表的编报货币单位。按规定,我国的编报货币是人民币,金额单位是人民币"元",即使报表的金额较大,也以"元"为单位。

（三）资产负债表表体部分的编制

1.“年初余额”的填列

“年初余额”栏内各项目数字,应根据上年末资产负债表“期末余额”栏内所列数字填列。若本年度资产负债表中规定的各项目的名称和内容与上年度不一致,则应对上年末资产负债表各项的名称和数字按照本年度的规定进行调整,再将调整后的数字填入表中的“年初余额”栏。

2.“期末余额”的填列

资产负债表的“期末余额”栏应根据各有关账户的期末余额填列,主要有以下几种填列方法。

（1）根据总账账户余额直接填列

如“以公允价值计量且其变动计入当期损益的金融资产”“递延所得税资产”“短期借款”“应付职工薪酬”“应交税费”“预计负债”“递延收益”“递延所得税负债”“实收资本（或股本）”“库存股”“资本公积”“其他综合收益”“盈余公积”等项目,根据总账账户余额直接填列。

有些项目则应根据几个总账科目的余额计算填列,如“货币资金”项目,应根据“库存现金”“银行存款”“其他货币资金”三个总账科目余额的合计数填列;“其他流动资产”“其他流动负债”项目,应根据有关科目的期末余额分析填列。

（2）根据有关科目余额减去其备抵科目余额后的净额填列

“其他应收款”项目:应根据“应收利息”“应收股利”和“其他应收款”科目的借方期末余额之和,减去“坏账准备”科目中相关坏账准备期末余额后的金额填列。

“固定资产”项目:应根据“固定资产”科目的期末余额,减去“累计折旧”和“固定资产减值准备”科目期末余额后的金额,以及“固定资产清理”科目的期末余额填列。

“在建工程”项目:应根据“在建工程”科目的期末余额,减去“在建工程减值准备”科目期末余额后的金额,以及“工程物资”科目的期末余额,减去“工程物资减值准备”科目期末余额后的金额填列。

“无形资产”项目:应根据“无形资产”科目的期末余额,减去“累计摊销”“无形资产减值准备”科目期末余额后的金额填列。

“其他应付款”项目:应根据“应付利息”“应付股利”和“其他应付款”科目的期末余额合计数填列。

“长期应付款”项目:应根据“长期应付款”科目的期末余额,减去相关的“未确认融资费用”科目期末余额后的金额,以及“专项应付款”科目的期末余额填列。

“未分配利润”项目:应根据“本年利润”和“利润分配”科目的期末余额填列。

“持有待售资产”项目:应根据“持有待售资产”科目的期末余额,减去“持有待售资产减值准备”科目期末余额后的金额填列。

（3）根据总账余额和明细账余额分析计算填列

“应收票据及应收账款”项目:应根据“应收票据”“应收账款”和“预收账款”科目的相关明细科目期末借方余额合计数,减去“坏账准备”科目中相关坏账准备期末余额后的金额填列。

“应付票据及应付账款”项目:应根据“应付票据”科目的期末余额,以及“应付账款”和

"预付账款"科目的相关明细科目期末贷方余额合计数填列。

"长期借款"项目:应根据"长期借款"总账期末余额扣除"长期借款"科目的明细科目中将在一年内到期且企业不能自主地将清偿义务展期的长期借款后的金额填列。

"持有至到期投资"项目:应根据"持有至到期投资"科目的期末余额减去一年内到期的投资部分和"持有至到期投资减值准备"账户期末余额后的金额填列。

(4)综合运用上述填列方法分析计算填列

"存货"项目:应根据"原材料""库存商品""委托加工物资""周转材料""在途物资""生产成本"和"材料采购"科目的期末余额,加上"材料成本差异"科目的借方余额(或减去"材料成本差异"科目的贷方余额),减去"存货跌价准备"科目期末余额后的金额填列。

【例 7-1】华夏有限公司 20×1 年 12 月 31 日的资产负债表(年初余额及部分项目略)见表 7-3,20×2 年 12 月 31 日的科目余额表见表 7-4。

表 7-3　资产负债表

会企 01 表

编制单位:华夏有限公司　　　　　　　　20×1 年 12 月 31 日　　　　　　　　单位:元

资　　产	期末余额	年初余额	负债和所有者权益	期末余额	年初余额
流动资产:			流动负债:		
货币资金	1 306 600		短期借款	300 000	
应收票据及应收账款	555 000		应付票据及应付账款	620 000	
预付款项	100 000		预收款项	0	
其他应收款	50 000		应付职工薪酬	200 000	
存货	2 580 000		应交税费	76 000	
一年内到期的非流动资产	0		其他应付款	136 810	
其他流动资产	100 000		一年内到期的非流动负债	200 000	
流动资产合计	4 691 600		其他流动负债	0	
非流动资产:			流动负债合计	1 532 810	
可供出售金融资产	0		非流动负债:		
持有至到期投资	0		长期借款	960 000	
长期应收款	0		应付债券	0	
长期股权投资	0		长期应付款	0	
投资性房地产	0		预计负债	0	
固定资产	2 100 000		递延收益	0	
在建工程	0		递延所得税负债	0	
无形资产	900 000		其他非流动负债	0	
开发支出	0		非流动负债合计	960 000	
商誉	0		负债合计	2 492 810	
长期待摊费用	0		所有者权益(或股东权益):		
递延所得税资产	0		实收资本(或股本)	5 000 000	
其他非流动资产	300 000		资本公积	200 000	

资　　产	期末余额	年初余额	负债和所有者权益	期末余额	年初余额
非流动资产合计	3 200 000		减:库存股	0	
			盈余公积	118 622	
			未分配利润	80 168	
			所有者权益(或股东权益)合计	5 398 790	
资产总计	7 891 600		负债和所有者权益(或股东权益)总计	7 891 600	

表 7-4　总账科目余额表

20×2 年 12 月 31 日　　　　　　　　　　　　　　　　　　　单位:元

科目名称	借方余额	科目名称	贷方余额
库存现金	2 000	短期借款	50 000
银行存款	1 325 700	应付票据	100 000
其他货币资金	73 000	应付账款	950 000
应收票据	62 000	其他应付款	80 000
应收账款	570 000	应付职工薪酬	240 000
预付款项	100 000	应交税费	126 000
其他应收款	15 000	应付利息	20 200
材料采购	180 000	应付股利	92 000
原材料	145 000	长期借款	1 160 000
		其中:一年内到期的长期借款	300 000
周转材料	28 000	股本	5 000 000
库存商品	2 315 000	资本公积	200 000
其他流动资产	100 000	盈余公积	121 000
固定资产	2 400 000	利润分配(未分配利润)	226 500
累计折旧	−370 000		
无形资产	720 000		
其他长期资产	700 000		
合　　计	8 365 700	合　　计	8 365 700

根据上述资料编制华夏有限公司 20×2 年 12 月 31 日的资产负债表,如表 7-5 所示。

表 7-5　资产负债表

会企 01 表

编制单位：华夏有限公司　　　　　　　20×2 年 12 月 31 日　　　　　　　单位：元

资　产	期末余额	年初余额	负债和所有者权益	期末余额	年初余额
流动资产：			流动负债：		
货币资金	1 400 700	1 306 600	短期借款	50 000	300 000
应收票据及应收账款	632 000	555 000	应付票据及应付账款	1 050 000	620 000
预付款项	100 000	100 000	预收款项	0	0
其他应收款	15 000	50 000	应付职工薪酬	240 000	200 000
存货	2 668 000	2 580 000	应交税费	126 000	76 000
一年内到期的非流动资产	0	0	其他应付款	192 200	136 810
其他流动资产	100 000	100 000	一年内到期的非流动负债	300 000	200 000
流动资产合计	4 915 700	4 691 600	其他流动负债	0	0
非流动资产：			流动负债合计	1 958 200	1 532 810
可供出售金融资产	0	0	非流动负债：		
持有至到期投资	0	0	长期借款	860 000	960 000
长期应收款	0	0	应付债券	0	0
长期股权投资	0	0	长期应付款	0	0
投资性房地产	0	0	预计负债	0	0
固定资产	2 030 000	2 100 000	递延所得税负债	0	0
在建工程	0	0	其他非流动负债	0	0
无形资产	720 000	900 000	非流动负债合计	860 000	960 000
开发支出	0	0	负债合计	2 818 200	2 492 810
商誉	0	0	所有者权益（或股东权益）：		
长期待摊费用	0	0	实收资本（或股本）	5 000 000	5 000 000
递延所得税资产	0	0	资本公积	200 000	200 000
其他非流动资产	700 000	300 000	减：库存股	0	0
非流动资产合计	3 450 000	3 200 000	盈余公积	121 000	118 622
			未分配利润	226 500	80 168
			所有者权益（或股东权益）合计	5 547 500	5 398 790
资产总计	8 365 700	7 891 600	负债和所有者权益（或股东权益）总计	8 365 700	7 891 600

任务 3　利润表的编制

　　利润表又称损益表，是反映企业一定会计期间生产经营成果的会计报表。它是根据"收入－费用＝利润"会计等式设计的，属于动态报表。利润表把一定会计期间的营业收入与同一会计期间相关的营业费用进行配比,以计算出企业一定时期的净利润(或净亏损)。

一、利润表的作用

(一)反映企业的经营成果和盈利能力

报表使用者可根据利润表反映企业一定会计期间的收入、成本、费用情况,了解企业生产经营成果及其形成原因。报表使用者通过比较利润表提供的不同时期的数字(本月数、本年累计数、上年数),可以评价企业当期盈利水平,了解企业的盈利能力和盈利的稳定性,并据此预测企业今后利润的发展趋势。

(二)有助于企业管理人员制定经营决策

企业管理部门通过比较和分析利润表各构成要素,能够知悉成本、费用与收入之间的比例关系,了解企业现有经济资源的利用效率,并可以发现经营管理中存在的问题,以便做出正确的经营决策,努力改善经营管理,提高经济效益。

(三)是评价和考核经营业绩的依据

对利润表中收入、成本、费用变动的情况分析,可以较为客观地评价和考核各部门与各级管理人员的经营业绩,督促其尽职尽责,完成好本职工作。

二、利润表的结构

利润表包括表头、表体和补充资料三部分,如表7-6所示。

利润表的表头包括表名、编制单位、编制期间和金额单位等内容。

利润表的表体是利润表的基本内容,有多步式和单步式两种格式。我国一般采用多步式利润表,对收入与费用、损失项加以归类,分步反映本期收益的计算过程。

在利润表中,收入按照重要性程度列示,主要包括营业收入、公允价值变动收益、投资收益和营业外收入;费用则按照性质列示,并与相关收入相配比,主要包括营业成本、税金及附加、销售费用、管理费用、研发费用、财务费用、资产减值损失、营业外支出和所得税费用等;利润则按照形成过程列示,依次是营业利润、利润总额、净利润和每股收益。

表 7-6 利润表

会企 02 表

编制单位: _____年____月 单位:元

项　　目	本期金额	上期金额
一、营业收入		
减:营业成本		
税金及附加		
销售费用		
管理费用		

续　表

项　目	本期金额	上期金额
研发费用		
财务费用		
其中:利息费用		
利息收入		
资产减值损失		
加:其他收益		
投资收益(损失以"－"填列)		
其中:对联营企业和合营企业的投资收益		
公允价值变动收益(损失以"－"填列)		
资产处置收益(损失以"－"填列)		
二、营业利润(亏损以"－"填列)		
加:营业外收入		
减:营业外支出		
三、利润总额(亏损总额以"－"填列)		
减:所得税费用		
四、净利润(净亏损以"－"填列)		
(一)持续经营净利润(净亏损以"－"填列)		
(二)终止经营净利润(净亏损以"－"填列)		
五、其他综合收益的税后净额		
……		
六、综合收益总额		
七、每股收益		
(一)基本每股收益		
(二)稀释每股收益		

三、利润表的编制方法

　　(1)利润表中"上期金额"栏内各项数字,根据上年度该期利润表"本期金额"栏内所列数字填列。如果上年度利润表的项目名称和内容与本年度利润表不一致,则应对上年度利润表项目的名称和数字按本年度的规定进行调整,填入本年利润表的"上期金额"栏。

二维码 7-3

　　(2)利润表中"本期金额"栏内各项数字一般应根据各损益类科目的发生额分析填列。

　　"营业收入""营业成本""税金及附加""销售费用""管理费用""财务费用""资产减值损

失""公允价值变动收益""投资收益""营业外收入""营业外支出""所得税费用"等项目,应根据有关损益类科目的发生额分析填列。

"研发费用"项目,应根据"管理费用"科目的"研发费用"明细科目的发生额分析填列。

"利息费用"项目,应根据"财务费用"科目的相关明细科目的发生额分析填列。

"利息收入"项目,应根据"财务费用"科目的相关明细科目的发生额分析填列。

"其他收益"项目,应根据"其他收益"科目的发生额分析填列。

"资产处置收益"项目,应根据"资产处置损益"科目的发生额分析填列;如为处置损失,以"—"填列。

【例 7-2】华夏有限公司 20×2 年 12 月有关损益类科目本年累计发生净额如表 7-7 所示。

表 7-7　损益类科目累计发生额

20×2 年 12 月　　　　　　　　　　　　　　　　单位:元

科目名称	借方发生额	贷方发生额
主营业务收入		10 200 000
其他业务收入		100 000
主营业务成本	8 600 000	
其他业务成本	60 000	
税金及附加	116 688	
销售费用	1 210 000	
管理费用	105 000	
财务费用	42 500	
营业外收入		50 000
营业外支出	17 200	
所得税费用	80 900	

根据上述资料编制华夏有限公司 20×2 年度利润表,如表 7-8 所示。

表 7-8　利润表

会企 02 表

编制单位:华夏有限公司　　　　　　20×2 年 12 月　　　　　　单位:元

项　目	本期金额	上期金额(略)
一、营业收入	10 300 000	
减:营业成本	8 660 000	
税金及附加	116 688	
销售费用	1 210 000	
管理费用	105 000	

续　表

项　目	本期金额	上期金额（略）
财务费用	42 500	
资产减值损失		
加：公允价值变动收益（损失以"－"填列）		
投资收益（损失以"－"填列）		
其中：对联营企业和合营企业的投资收益		
二、营业利润（亏损以"－"填列）	165 182	
加：营业外收入	50 000	
减：营业外支出	17 200	
其中：非流动资产处置损失	（略）	
三、利润总额（亏损总额以"－"填列）	198 612	
减：所得税费用	80 900	
四、净利润（净亏损以"－"填列）	117 712	
五、每股收益	（略）	
（一）基本每股收益	（略）	
（二）稀释每股收益	（略）	

任务4　现金流量表的编制

一、现金流量表的含义

现金流量表是以现金为基础编制的反映企业财务变动状况的报表,它反映企业一定会计期间内有关现金和现金等价物的流入和流出的信息,表明企业获得现金和现金等价物（除特别说明外以后所称的现金均包括现金等价物）的能力。

二、编制现金流量表的目的

编制现金流量表的目的是为报表使用者提供企业一定会计期间内现金和现金等价物流入和流出的信息,以便于报表使用者了解和评价企业获取现金和现金等价物的能力,并据以预测企业未来现金流量。

三、现金流量表的作用

现金流量表可以提供企业的现金流量信息,便于报表使用者对企业整体财务状况做出客观评价。

现金流量表是由以营运资金为基础编制的财务状况变动表产生的,它提供了新的信息。

通过现金流量表,报表使用者不但可以了解企业当前的财务状况,还可以预测企业未来的发展情况。

四、现金流量表的编制基础

现金流量表是以现金为基础编制的,这里的现金是指企业库存现金、可以随时用于支付的银行存款、其他货币资金以及现金等价物等,具体包括:

(1)库存现金。

(2)银行存款。

(3)其他货币资金,即企业存在金融机构有特定用途的资金。

(4)现金等价物,即企业持有的期限短、流动性强、易于转换为已知金额的现金、价值变动风险很小的短期投资。现金等价物通常指在 3 个月或更短时间内到期或可转换为现金的投资。

五、现金流量表的编制方法

在具体编制现金流量表时,企业可根据业务量的大小及复杂程度,采用工作底稿法、T形账户法,或直接根据有关科目的记录分析填列相关数字。

(一)工作底稿法

工作底稿法是以工作底稿为手段,以利润表和资产负债表为基础,结合有关科目的记录,对现金流量表的每一项目进行分析并编制调整分录,从而编制出现金流量表的一种方法。

采用工作底稿法编制现金流量表的具体步骤如下。

第一步,将资产负债表的期初数和期末数过入工作底稿的期初数和期末数栏。

第二步,对当期业务进行分析并编制调整分录。调整分录大体有这样几类:

第一类涉及利润表中的收入、成本和费用项目以及资产负债表中的资产、负债及所有者权益项目,通过调整,将权责发生制下的收入、费用转换为现金基础。

第二类涉及资产负债表和现金流量表中的投资、筹资项目,反映投资和筹资活动的现金流量。

第三类涉及利润表和现金流量表中的投资和筹资项目,目的是将利润表中有关投资和筹资的收入、费用列入现金流量表投资、筹资现金流量中去。

此外,还有一些调整分录并不涉及现金收支,只是为了核对资产负债表项目的期末数变动。

在调整分录中,有关现金和现金等价物的事项,并不直接借记或贷记现金,而是分别记入“经营活动产生的现金流量”“投资活动产生的现金流量”“筹资活动产生的现金流量”有关项目,借记表明现金流入,贷记表明现金流出。

第三步,将调整分录过入工作底稿中的相应部分。

第四步,核对调整分录,借贷方合计数应当相等,资产负债表项目期初数加减调整分录中的借贷方金额后,应当等于期末数。

第五步,根据工作底稿中的现金流量表项目部分编制正式的现金流量表。

(二)T 形账户法

T 形账户法是以利润表和资产负债表为基础,结合有关科目的记录,对现金流量表的每一项目进行分析并编制调整分录,通过 T 形账户编制出现金流量表的一种方法。

采用 T 形账户法编制现金流量表的具体步骤如下。

第一步,分别为所有的非现金项目(包括资产负债项目和利润表项目)开设 T 形账户,并将各自的期末期初变动数过入各账户。

第二步,开设一个大的"现金及现金等价物"T 形账户,每边分为经营活动、投资活动和筹资活动三个部分,左边记现金流入,右边记现金流出。与其他账户一样,过入期初期末变动数。

第三步,以利润表项目为基础,结合资产负债表分析每一个非现金项目的增减变动,并据此编制调整分录。

第四步,将调整分录过入各 T 形账户,并进行核对,该账户借贷方相抵后的余额与原先过入的期末期初变动数应当一致。

第五步,根据大的"现金及现金等价物"T 形账户编制正式的现金流量表。

【例 7-3】星星股份有限公司 2018 年度现金流量表及其补充资料如表 7-9、表 7-10 所示。

表 7-9　现金流量表

会企 03 表

编制单位:星星股份有限公司　　　　　　　　2018 年度　　　　　　　　　　单位:元

项　　目	行　　次	本期金额	上期金额(略)
一、经营活动产生的现金流量			
销售商品、提供劳务收到的现金		1 312 500	
收到的税费返还			
收到其他与经营活动有关的现金			
经营活动现金流入小计		1 312 500	
购买商品、接受劳务支付的现金		392 266	
支付给职工以及为职工支付的现金		300 000	
支付的各项税费		174 703	
支付的其他与经营活动有关的现金		80 000	
经营活动现金流出小计		946 969	
经营活动产生的现金流量净额		365 531	
二、投资活动产生的现金流量			
收回投资收到的现金		16 500	
取得投资收益收到的现金		30 000	

项　目	行　次	本期金额	上期金额（略）
处置固定资产、无形资产和其他长期资产收回的现金净额		300 000	
处置子公司及其他营业单位收到的现金净额			
收到的其他与投资活动有关的现金			
投资活动现金流入小计		346 500	
购建固定资产、无形资产和其他长期资产支付的现金		601 000	
投资支付的现金			
取得子公司及其他营业单位支付的现金净额			
支付的其他与投资活动有关的现金			
投资活动现金流出小计		601 000	
投资活动产生的现金流量净额		−254 500	
三、筹资活动产生的现金流量			
吸收投资收到的现金			
取得借款收到的现金		560 000	
收到的其他与筹资活动有关的现金			
筹资活动现金流入小计		560 000	
偿还债务支付的现金		1 250 000	
分配股利、利润或偿付利息支付的现金		12 500	
支付的其他与筹资活动有关的现金			
筹资活动现金流出小计		1 262 500	
筹资活动产生的现金流量净额		−702 500	
四、汇率变动对现金及现金等价物的影响			
五、现金及现金等价物净增加额		−591 469	
加：期初现金及现金等价物余额		1 406 300	
六、期末现金及现金等价物余额		814 831	

表 7-10　现金流量表补充资料

编制单位：星星股份有限公司　　　　　　2018 年度　　　　　　　　单位：元

补充资料	本期金额	上期金额（略）
1.将净利润调节为经营活动现金流量		
净利润	225 000	
加：资产减值准备	30 900	

续 表

补充资料	本期金额	上期金额（略）
固定资产折旧、油气资产损耗、生产性生物资产折旧	100 000	
无形资产摊销	60 000	
长期待摊费用摊销	0	
处置固定资产、无形资产和其他长期资产的损失（减：收益）	−50 000	
固定资产报废损失	19 700	
公允价值变动损失（减：收益）	0	
财务费用（减：收益）	11 500	
投资损失（减：收益）	−31 500	
递延所得税资产减少（减：增加）	−2 500	
递延所得税负债增加（减：减少）	0	
存货减少（减：增加）	95 300	
经营性应收项目减少（减：增加）	−120 000	
经营性应付项目增加（减：减少）	32 131	
其他	0	
经营活动产生的现金流量净额	370 531	
2.不涉及现金收支的投资和筹资活动		
债务转为资本	0	
一年内到期的可转换公司债券	0	
融资租入固定资产	0	
3.现金及现金等价物净变动情况		
现金的期末金额	815 131	
减：现金的期初余额	1 406 300	
加：现金等价物的期末余额	0	
减：现金等价物的期初余额	0	
现金及现金等价物净增加额	−591 169	

■■■ 思考题

1.财务会计报表的内容包括哪些？

2.什么是会计报表？如何分类？

3.会计报表和财务会计报告一样吗？

4.资产负债表的编制依据是什么？结构是怎样的？其中的每个项目如何编制？

5.利润表的编制依据是什么？结构是怎样的？其中的每个项目如何编制？

6.每个月编制的资产负债表和利润表的作用是什么？

■■■■ 自测题

二维码 7-4

项目八

会计档案整理、装订与保管

能力目标

1.能按要求规范装订会计凭证和整理会计档案;

2.能妥善管理会计档案。

知识目标

1.掌握会计凭证整理和装订的要求;

2.熟悉会计档案保管规定。

任务1 会计档案整理与装订

一、会计档案概述

会计档案是指单位在进行会计核算等过程中接收或形成的,记录和反映单位经济业务事项的,具有保存价值的文字、图表等各种形式的会计资料,包括通过计算机等电子设备形成、传输和存储的电子会计档案。

会计档案产生于单位的经济活动,尤其是会计核算活动。它主要包括会计凭证、会计账簿和财务报告等会计核算的专业材料,这些会计资料是记录和反映经济业务的重要史料和证据,因而具有非常重要的保留价值。具体包括:

(1)会计凭证,包括原始凭证、记账凭证;

(2)会计账簿,包括总账、明细账、日记账、固定资产卡片及其他辅助性账簿;

(3)财务会计报告,包括月度、季度、半年度、年度财务会计报告;

(4)其他会计资料,包括银行存款余额调节表、银行对账单、纳税申报表、会计档案移交清册、会计档案保管清册、会计档案销毁清册、会计档案鉴定意见书及其他具有保存价值的会计资料。

二、会计凭证的整理与装订

(一)原始凭证的整理

(1)将记账凭证后边所附的原始凭证墩齐、折叠好,使其不超过记账凭证的长和宽。可先自右向左,再自下向上进行两次折叠。如果采用角订法进行装订,要把折叠起来的左上角反折成一个三角形。如果采用侧订法装订,则要在折叠起来的左边留一些空余,另外再用厚纸折成三角形或长条,衬在装订处。这样能使装订处与不装订处一样厚薄,既美观又便于装订和查阅。

(2)对于纸张面积很小的原始凭证,可按一定的顺序和类别粘贴在原始凭证粘贴单上,具体要求如下:

①原始凭证粘贴单的大小、形状应与记账凭证相仿(略小为宜)。粘贴时对小票分别排列,适当重叠,但要露出数字和编号,以便于计算和复核。

②同类、同金额的单据应粘贴在一起,这样既方便计算,又不易搞错,同时还美观。

③粘好以后要捏住记账凭证的左上角向下抖几下,看是否有未粘住或未粘牢的。

④最后还要在粘贴单的空白处分别写出每一类原始凭证的张数、单价与总金额。如某人报销差旅费,报销单后面的粘贴单附有 2 元的市内公共汽车票 5 张,199 元的火车票 2 张,则应分别在市内交通费下面空白处注明"2×5＝10 元",在火车票下面空白处注明"199×2＝398 元",以便于管理。

(3)记账凭证所附原始凭证的顺序是:首先是单张的面积小于记账凭证的原始凭证,然后是原始凭证粘贴单,最后是折叠过的、纸张较大的原始凭证。

(4)数量过多的原始凭证可以单独装订保管(不包括发票),在封面上注明记账凭证日期、编号、种类。同时,在记账凭证上注明原始凭证名称、编号及"附件另订"字样。

(5)各种经济合同、存出保证金收据、涉外文件和上级批准文件,应当另编目录,单独登记保管,并在记账凭证或原始凭证上注明批准机关名称、日期和文件字号。

(二)记账凭证的整理

(1)把所有应归档的会计凭证收集齐全,并根据记账凭证进行分类。如果是使用专用记账凭证,则分为收款凭证、付款凭证、转账凭证三种,分别按顺序号从小到大或按时间先后逐张排放好。

(2)记账、稽核责任者没签字盖章的,要补齐并加盖戳印。

(3)整理记账凭证的附件(原始凭证),补充遗漏的、必不可少的核算资料,剔除不属于会计档案范围和没有必要归档的资料。

(4)清除订书钉、曲别针、大头针等金属物。

(5)将每一类记账凭证按适当厚度分成若干本。

(三)会计凭证的装订

1.装订的基本要求

(1)每月装订会计凭证的册数应该根据单位业务量大小来确定,避免过厚或过薄,订本太厚翻阅不便,订本太薄不好保管、容易散失。

(2)不准跨月装订。

(3)会计凭证要加封面、封底。封面、封底的格式如图 8-1、图 8-2 所示。

记账凭证封面

日　　期	年　　月　　日至　　月　　日
科目汇总单	第　　号至第　　号共　　份
记 账 凭 证	第　　号至第　　号共　　份
册　　数	本月共　　册 第　　册

主管　　　　　　复核　　　　装订

图 8-1　会计凭证封面示例

抽出凭证登记表

抽出日期	抽出凭证张数、号数、名称及金额	抽出理由	抽取人盖章	会计主管盖章	归还日期	备　注

图 8-2　会计凭证封底示例

2.装订的具体方法

会计凭证的装订方法较多,现介绍常用的装订方法——角订法,具体步骤如下:

(1)先准备装订工具,如电钻(或打孔机)、剪刀、铁夹、线绳、胶水、三角包纸(牛皮纸)等,如图 8-3 所示。

(2)将凭证的左、上、下对齐,接着加封面并用铁夹夹牢。

(3)在凭证的左上角画腰长为 5 厘米的等腰三角形,用装订机在底边上分布均匀地打两个孔,如图 8-4 所示。

图 8-3　装订工具

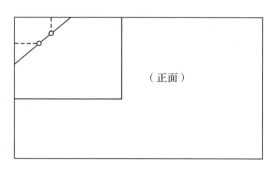

（正面）

图 8-4　在凭证左上角画等腰三角形并打孔

（4）用大针引线绳穿过两个孔，两端折向同一个方向，折向时将线绳夹紧，即可把线引过来。然后在凭证的背面打结，线绳最好把凭证两端也系上。

（5）使用包角纸，剪去左上角，再在反面涂胶水，从上方包向背面，再从左方包向背面，最后盖章。

（6）待晾干后，在凭证本的侧脊上面写上"某年某月第几册共几册"的字样。装订人在装订线封签处签名或者盖章。

（7）用剪刀把装订线一边的表、单的毛边剪齐，这样才能避免订后脱页、丢失的现象。装订好的会计凭证要四边成线，有角有棱，坚固，规整，如图 8-5 所示。

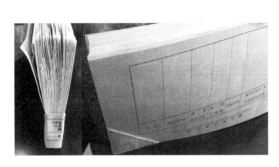

图 8-5　装订好的会计凭证

三、会计账簿的整理与装订

会计账簿在使用过程中应妥善保管，年度终了，除跨年度使用的账簿外，对当年形成的其他账簿要按照账簿种类整理立卷，统一归档。具体要求如下：

（1）按账簿启用表的使用页数核对各个账户是否相符，账页数是否齐全，序号排列是否连续；然后按会计账簿封面、账簿启用表、账户目录、按顺序排列的账页、账簿封底的顺序整理。

（2）活页或卡片账页，先去掉空白页，其中的明细分类账户按其所属的总分类科目的编码顺序排列，并依次编定页号；三栏式活页账、数量金额式活页账、多栏式活页账不得混装，应将同类业务、同类账页装订在一起。

（3）会计账簿封面填写要求：单位名称填写全称；按组卷不同，在账簿名称处分别填写现金日记账、银行存款日记账、总账、明细账等；保管期限填写 5 年或 30 年；年度和案卷号均填写阿拉伯数字；会计主管人员和装订人员签名盖章。会计账簿封面如图 8-6 所示。

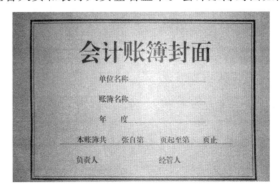

图 8-6　会计账簿封面示例

(4)会计账簿应牢固、平整,不得有折角、缺角、错页、掉页、夹空白纸等现象。

四、会计报表的装订

会计报表应按月及时报送并装订成册,谨防丢失。一般在年度终了后,由专人统一收集、整理、装订并归档。具体要求如下:

(1)装订前要按编报目录核对是否齐全,整理报表页数,上边和左边对齐压平,防止折角,如有损坏部位应修补,完整无缺地装订。

(2)装订顺序为:会计报表封面、编制说明、按编号顺序排列的各类会计报表、会计报表封底。

(3)按保管期限编制卷号,经财务负责人审核、盖章后归档。

任务2 会计档案保管

单位可以利用信息技术手段管理会计档案。各单位每年形成的会计档案,应当由财务会计部门按照归档要求,在每一会计期末整理立卷,装订成册,编制会计档案保管清册并进行妥善保管。

二维码 8-1

一、会计档案的归档时间与归档要求

单位会计管理机构按照归档范围和归档要求,负责定期将应当归档的会计资料整理立卷,编制会计档案保管清册。

当年形成的会计档案,在会计年度终了后,可由单位会计管理机构临时保管 1 年,再移交单位档案管理机构保管。因工作需要确需推迟移交的,应当经单位档案管理机构同意。

单位会计管理机构临时保管会计档案最长不超过 3 年。临时保管期间,会计档案的保管应当符合国家档案管理的有关规定,且出纳人员不得兼管会计档案。

同时满足下列条件的,单位内部形成的属于归档范围的电子会计资料可仅以电子形式保存,形成电子会计档案:

(1)形成的电子会计资料来源真实有效,由计算机等电子设备形成和传输;

(2)使用的会计核算系统能够准确、完整、有效接收和读取电子会计资料,能够输出符合国家标准归档格式的会计凭证、会计账簿、财务会计报表等会计资料,设定了经办、审核、审批等必要的审签程序;

(3)使用的电子档案管理系统能够有效接收、管理、利用电子会计档案,符合电子档案的长期保管要求,并建立了电子会计档案与相关联的其他纸质会计档案的检索关系;

(4)采取有效措施,防止电子会计档案被篡改;

(5)建立电子会计档案备份制度,能够有效防范自然灾害、意外事故和人为破坏的影响;

(6)形成的电子会计资料不属于具有永久保存价值或者其他重要保存价值的会计档案;

(7)单位从外部接收的电子会计资料附有符合《中华人民共和国电子签名法》规定的电子签名。

二、会计档案的移交管理

（1）单位会计管理机构在办理会计档案移交时，应当编制会计档案移交清册。

（2）纸质会计档案移交时应当保持原卷的封装。

（3）电子会计档案移交时应当将电子会计档案及其元数据一并移交，且文件格式应当符合国家档案管理的有关规定。特殊格式的电子会计档案应当与其读取平台一并移交。档案接收单位应当对保存电子会计档案的载体及其技术环境进行检验，确保所接收电子会计档案的准确、完整、可用和安全。

（4）单位档案管理机构接收电子会计档案时，应当对电子会计档案的准确性、完整性、可用性、安全性进行检测，符合要求的才能接收。

（5）单位之间交接会计档案的，交接双方应当办理会计档案交接手续。

移交会计档案的单位，应当编制会计档案移交清册，列明应当移交的会计档案名称、卷号、册数、起止年度、编号、应保管期限和已保管期限等内容。

交接会计档案时，交接双方应当按照会计档案移交清册所列内容逐项交接，并由交接双方的单位负责人负责监交。交接完毕后，交接双方经办人和监交人应当在会计档案移交清册上签名或盖章。

三、会计档案的保管期限

二维码 8-2

会计档案的保管期限分为永久、定期两类。定期保管期限一般分为 10 年和 30 年。

会计档案的保管期限，从会计年度终了后的第一天算起，具体规定见表 8-1、表 8-2。

表 8-1　企业和其他组织会计档案保管期限表

序　号	档案名称	保管期限	备　注
一	会计凭证		
1	原始凭证	30 年	
2	记账凭证	30 年	
二	会计账簿		
3	总账	30 年	
4	明细账	30 年	
5	日记账	30 年	
6	固定资产卡片		固定资产报废清理后保管 5 年
7	其他辅助性账簿	30 年	
三	财务会计报告		
8	月度、季度、半年度财务会计报告	10 年	

续 表

序　号	档案名称	保管期限	备　注
9	年度财务会计报告	永久	
四	其他会计资料		
10	银行存款余额调节表	10 年	
11	银行对账单	10 年	
12	纳税申报表	10 年	
13	会计档案移交清册	30 年	
14	会计档案保管清册	永久	
15	会计档案销毁清册	永久	
16	会计档案鉴定意见书	永久	

表 8-2　财政总预算、行政单位、事业单位和税收会计档案保管期限表

序　号	档案名称	保管期限			备　注
		财政总预算	行政单位事业单位	税收会计	
一	会计凭证				
1	国家金库编送的各种报表及缴库退库凭证	10 年		10 年	
2	各收入机关编送的报表	10 年			
3	行政单位和事业单位的各种会计凭证		30 年		包括：原始凭证、记账凭证和传票汇总表
4	财政总预算拨款凭证和其他会计凭证	30 年			包括：拨款凭证和其他会计凭证
二	会计账簿				
5	日记账		30 年	30 年	
6	总账	30 年	30 年	30 年	
7	税收日记账（总账）			30 年	
8	明细分类、分户账或登记簿	30 年	30 年	30 年	
9	行政单位和事业单位固定资产卡片				固定资产报废清理后保管 5 年
三	财务会计报告				
10	政府综合财务报告	永久			下级财政、本级部门和单位报送的保管 2 年
11	部门财务报告		永久		所属单位报送的保管 2 年

序　号	档案名称	保管期限			备　注
		财政总预算	行政单位事业单位	税收会计	
12	财政总决算	永久			下级财政、本级部门和单位报送的保管 2 年
13	部门决算		永久		所属单位报送的保管 2 年
14	税收年报(决算)			永久	
15	国家金库年报(决算)	10 年			
16	基本建设拨、贷款年报(决算)	10 年			
17	行政单位和事业单位会计月、季度报表		10 年		所属单位报送的保管 2 年
18	税收会计报表			10 年	所属税务机关报送的保管 2 年
四	其他会计资料				
19	银行存款余额调节表	10 年	10 年		
20	银行对账单	10 年	10 年	10 年	
21	会计档案移交清册	30 年	30 年	30 年	
22	会计档案保管清册	永久	永久	永久	
23	会计档案销毁清册	永久	永久	永久	
24	会计档案鉴定意见书	永久	永久	永久	

注:税务机关的税务经费会计档案保管期限,按行政单位会计档案保管期限规定办理

四、会计档案的借阅管理

(1)单位应当严格按照相关制度利用会计档案,在进行会计档案查阅、复制、借出时履行登记手续,严禁篡改和损坏。

(2)单位保存的会计档案一般不得对外借出。确因工作需要且根据国家有关规定必须借出的,经本单位负责人批准,可以提供查阅或者复制,并办理登记手续。会计档案借用单位应当妥善保管和利用借入的会计档案,确保借入会计档案的安全、完整,并在规定时间内归还。

(3)查阅或者复制会计档案的人员,严禁在会计档案上涂画、拆封和抽换。对查阅的会计档案,应设置会计档案查阅登记簿,详细登记查阅日期、查阅人、查阅理由、归还日期等。本单位人员查阅会计档案,要有正式介绍信,经单位负责人批准。查阅人员不得将会计档案携带外出,不得擅自摘录有关数字。遇特殊情况需要影印复制会计档案的,必须经单位负责人批准,并在会计档案查阅登记簿内详细记录会计档案影印复制的情况。我国境内所有单位的会计档案不得携带出境。

五、会计档案的鉴定与销毁

单位应当定期对已到保管期限的会计档案进行鉴定,并形成会计档案鉴定意见书。经鉴定,仍需继续保存的会计档案,应当重新划定保管期限;保管期满,确无保存价值的会计档案,可以销毁。

会计档案鉴定工作应当由单位档案管理机构牵头,组织单位会计、审计、纪检监察等机构或人员共同参与。

鉴定会计档案采取直接鉴定法,即逐卷(册)、逐件、逐页鉴定。对保管期满应予销毁的会计档案,由档案部门和财会部门进行终审鉴定,提出鉴定销毁意见,双方都认为确无保存价值的,才能做出销毁结论,认定意见不一致时,应当缓销。

经鉴定可以销毁的会计档案,应当按照以下程序销毁:

(1)单位档案管理机构编制会计档案销毁清册,列明拟销毁会计档案的名称、卷号、册数、起止年度、编号、应保管期限、已保管期限和销毁时间等内容。

(2)单位负责人、档案管理机构负责人、会计管理机构负责人、档案管理机构经办人、会计管理机构经办人在会计档案销毁清册上签署意见。

(3)单位档案管理机构负责组织会计档案销毁工作,并与会计管理机构共同派员监销。监销人在会计档案销毁前,应当按照会计档案销毁清册所列内容进行清点核对;在会计档案销毁后,应当在会计档案销毁清册上签名或盖章。

电子会计档案的销毁还应当符合国家有关电子档案的规定,并由单位档案管理机构、会计管理机构和信息系统管理机构共同派员监销。

保管期满但未结清的债权债务会计凭证和涉及其他未了事项的会计凭证不得销毁,纸质会计档案应当单独抽出立卷,电子会计档案单独转存,保管到未了事项完结时为止。单独抽出立卷或转存的会计档案,应当在会计档案鉴定意见书、会计档案销毁清册和会计档案保管清册中列明。

■■■ 思考题

1.怎样保存会计记录?

2.如何整理会计档案?

3.如何妥善保管会计档案?

■■■ 自测题

二维码 8-3